오늘부터 마계 마왕?

감수 마쓰우라 마사히로 | 그림 하나코가네이 마사유키 | 글 G.B. | 옮김 김지영

웅진주니어

차례

이 책을 즐기는 법 5
등장인물 소개 6
마계 기본 지식 7
프롤로그 어느 날 갑자기 마왕이 되어 버렸다 8

1st 서바이벌 마왕이 탄생하다! 17

- CASE 1 마왕으로 인사할 때는? 21
- CASE 2 스피치할 때 목소리 크기는? 21
- CASE 3 스피치할 때 말하기 속도는? 22
- CASE 4 시선은 어디를 향해야 할까? 22
- CASE 5 스피치 내용은 무엇이 좋을까? 23
- 이래야 산다! 살아남는 방법 24
- 소통피디아 | 모두가 공감할 목적을 세우고 공유하자! 28

2nd 서바이벌 동료를 찾아라! 31

- CASE 1 마계의 동료를 늘리려면 35
- CASE 2 어떤 태도로 다가갈까? 35
- CASE 3 부탁을 거절당했다면 36
- CASE 4 도움이 필요한 괴물이 있다면 36
- CASE 5 괴물을 돕는 건 언제 시작할까? 37
- 이래야 산다! 살아남는 방법 38
- 소통피디아 | 부탁은 진솔하고 명확하게! 42

3rd 서바이벌　인간과 협상하라!　45

- **CASE 1** 인간이 마계를 침략했다고? ······ 49
- **CASE 2** 인간이 무기를 들고 있다면 ······ 49
- **CASE 3** 마계 특산물을 전부 넘기라고 한다면 ······ 50
- **CASE 4** 어떤 조약을 맺어야 할까? ······ 50
- **CASE 5** 조약 기간은 어떻게 할까? ······ 51
- 이래야 산다! 살아남는 방법 ······ 52
- 소통피디아 | 설득할 때 상대방의 반응을 예상하자! ······ 56

4th 서바이벌　마계 회의를 시작하자!　59

- **CASE 1** 마계 슬로건은 무엇으로 정할까? ······ 63
- **CASE 2** 마계 회의 참석자로 누구를 부를까? ······ 63
- **CASE 3** 마계 회의에서 무엇을 만들어야 할까? ······ 64
- **CASE 4** 참석자에게 무엇을 확인해야 할까? ······ 64
- **CASE 5** 무엇을 믿어야 할까? ······ 65
- 이래야 산다! 살아남는 방법 ······ 66
- 소통피디아 | 듣기는 끝까지! 말하기는 확실한 근거로! ······ 70

5th 서바이벌　전설의 용사와 싸워라!　73

- **CASE 1** 괴물들을 어디로 피난시킬까? ······ 77
- **CASE 2** 마력으로 잠들게 하려면 ······ 77
- **CASE 3** 용사들을 어디로 유인할까? ······ 78
- **CASE 4** 숲속의 용사들을 교란시키려면 ······ 78
- **CASE 5** 용사들이 마왕성 근처까지 다가왔다면 ······ 79
- 이래야 산다! 살아남는 방법 ······ 80
- 소통피디아 | 나와 너의 경계선을 알자! ······ 84

6th 서바이벌　마계를 다시 일으켜라!　87

CASE 1 괴물 대회의에 누굴 부를까? ····· 91
CASE 2 서로 의견이 갈릴 때는? ····· 91
CASE 3 인간과의 회담에서 중재를 부탁한다면 ····· 92
CASE 4 최종 결론은 어떻게 낼까? ····· 92
CASE 5 회담 전에 무엇을 미리 준비해야 할까? ····· 93
　이래야 산다! 살아남는 방법 ····· 94
　소통피디아 | 의견이 갈릴 땐 심판이 필요해! ····· 98

7th 서바이벌　최고의 마왕이 되어라!　101

CASE 1 용사가 화내는 이유는 무엇일까? ····· 105
CASE 2 사과하면 불리해질까? ····· 105
CASE 3 조건을 받아들이라고 협박한다면 ····· 106
CASE 4 회담의 목표는 어떻게 정할까? ····· 106
CASE 5 이상적인 마왕은 어떤 모습일까? ····· 107
　이래야 산다! 살아남는 방법 ····· 108
　소통피디아 | 다수결 또는 다음에 ····· 112

에필로그 현실로 돌아온 마오 ····· 114

세계의 흐름을 바꾼 명연설　122

에이브러햄 링컨 ····· 123
마틴 루서 킹 ····· 124
말랄라 유사프자이 ····· 125
그레타 툰베리 ····· 126

이 책을 즐기는 법

A 또는 B, 살아남기 위해 선택하라!

눈앞에 닥쳐오는 다양한 위기 상황! 상상력을 총동원해서 A, B 중 하나를 골라야 한다. 그림과 글 속에 힌트가 숨어 있을지도?

틀려도 게임 오버는 아니야!

실제로 일어나지 않은 상황이어도 '만약에'라는 가정 하에 진지하게 생각한다면 반드시 답을 찾을 수 있어! 틀려도 괜찮아. 오답을 통해서도 서바이벌 능력이 진화될 거야!

아이템과 트레이닝으로 살아남자!

위기 상황에서 사용할 수 있는 편리한 아이템과, 서바이벌 감각을 높여 줄 트레이닝 방법을 소개하지. 이 챕터까지 마스터하면 우리는 서바이벌 전문가!

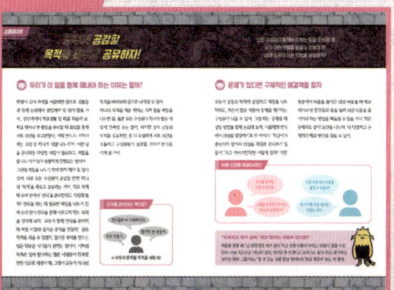

토론을 잘 진행하는 요령과 사고방식을 알고 싶다면!

각 장의 마지막 소통피디아 페이지를 읽어 봐. 토론과 소통을 잘하는 비법을 깨닫는다면 듬직한 리더가 될 수 있을 거야!

등장인물 소개

마오
이 책의 주인공. 초등학교 5학년 남자아이. 소심하지만 두뇌 회전이 빠르다. 어느 날 갑자기 마계로 넘어가서 마왕이 되어 버린다.

용사
마왕을 쓰러뜨리기 위해 마계로 찾아온 인간계의 영웅. 마계의 괴물들은 용사라는 말만 들어도 덜덜 떤다.

엄마
마오와 마리의 엄마. 무척 밝은 성격이다. 격렬한 헤비메탈 음악을 좋아한다.

마리
마오의 누나. 중학교 3학년. 시원시원한 성격으로, 만능 스포츠맨이다.

마왕의 지팡이
선대 마왕을 모시던 말하는 지팡이. 마오가 마계에 적응하도록 돕는다.

마왕의 시종
마왕이 된 마오를 돕거나 시중을 드는 괴물들이다.

마계 기본 지식

마계의 비밀

인간이 사는 세계와는 전혀 다른 '마계'. 하늘도, 땅도, 살고 있는 존재도, 온통 처음 보는 것들뿐이야. 마계는 어떤 곳이지 알아보자!

마계는 어떤 곳?

'마계'란 인간계와 다른 세계에 있는 괴물들의 나라야. 괴물에도 여러 종족이 있는데, '유력 마족'인 족장들이 각자 자기 영역을 지키고 있어. 한편, 인간들은 마계 땅을 점령하려고 때때로 쳐들어와.

마왕이란?

'마왕'은 괴물들의 리더로, '마계'를 통치하는 자리야. 선대 마왕은 엄청난 마력을 지닌 존재였어. 하지만 마오는 마력이 없는데도 갑자기 마왕이 되고 말았어.

이 지팡이랑 망토….

이 복장은 내가 가장 좋아하는, 환생 만화 『모토퀘스트』에 나온 마왕이랑 똑같은 모습이잖아!

자, 마왕님! 왕좌 홀에서 유력 마족들이 기다리고 있습니다모베!

마족?

말도 안 돼…. 설마 나 시골로 전학 온 게 아니라 마계로 환생해 버린 거야?

이 책의 무대인 마계!

동굴
인간계와 이어져 있어. 아무리 막아도 인간이 구멍을 뚫고 찾아와서 항상 입구를 감시하고 있지.

괴물의 숲
동굴에서 마왕성으로 갈 때 반드시 지나야 하는 어둡고 깊은 숲. 사나운 괴물의 영역이야.

용암 구역
화산이 계속 분화해서 용암이 흘러나와.

독 연못
겉보기에는 깨끗한 연못. 괴물들에게는 괜찮지만, 인간에게는 몸을 마비시키는 독성을 띠어.

마왕성
마계의 리더인 마왕이 사는 성. 중요한 일은 이곳에서 결정해. 괴물들에게 무슨 일이 생겼을 때 안심하고 피신할 수 있는 곳이지.

농촌
괴물들이 먹을 작물을 기르는 곳이야.

1st 서바이벌
마왕이 탄생하다!

너라면 어떻게 할래?

A와 B 어느 쪽?

살아남기 위한 어드바이스!

◆ **좋은 인상**을 주는 **스피치**로 마음을 사로잡아라!

마계 괴물들은 새로운 마왕 마오에 대해 아직 아무것도 몰라.
우선 안정된 스피치로 좋은 인상을 심어 주자.

◆ 모두에게 **신뢰받는 리더**가 되자!

괴물들의 믿음을 얻지 못하면 마왕 일을 제대로 할 수 없을 거야.
모두에게 리더로 인정받을 수 있는 방법을 생각하자.

◆ **모두의 힘을 모으는 리더**가 되자!

마계를 잘 통치하려면 모두의 협력이 필요해. 마왕으로서 마계를 위해
모든 괴물과 함께 노력해 나가겠다는 자세를 보여 주자!

처음 만나는 괴물들 앞에서 어떻게 하면 좋을까?

마왕으로 인사할 때는?

A 왕좌에 앉은 채로 인사한다 **VS** **B** 일어서서 인사한다

시종들에게 멋진 왕좌로 안내를 받았어. 그런데 스피치를 할 때는 어떤 자세로 해야 할까? 게임 속 마왕은 왕좌에 앉아 거만한 태도로 이야기했어. 생각해 보니 학교 조회 시간에 교장 선생님은 일어서서 말씀하셨지. 어느 쪽이 좋을까?

결과는 24쪽

스피치할 때 목소리 크기는?

A 방에 있는 괴물들에게 들릴 정도로 **VS** **B** 방 밖에까지 울릴 정도로 크게

왕좌에 앉고 보니, 방 안뿐만 아니라 방 밖의 복도에도 수많은 괴물이 있어. 밖에 있는 괴물들에게도 들릴 정도로 큰 목소리를 내야 할까? 그러면 방에 있는 괴물들은 시끄러워서 계속 스피치를 듣기 힘들지도 몰라. 목소리 크기는 어느 정도가 좋을까?

결과는 24쪽

CASE 3   스피치할 때 말하기 속도는?

A 빠르고 시원시원하게 VS **B** 평소보다 조금 천천히

준비한 대본을 펼치자 시종이 마이크를 가져다줬어. 떨리지만 스피치를 잘 하고 싶어. 반 친구들 앞에서 발표할 때랑 비슷한 것 같아. 그때는 너무 긴장해서 실패했는데…. 선생님께서 발표할 때 무엇을 신경 쓰라고 했더라?

결과는 24쪽

CASE 4   시선은 어디를 향해야 할까?

A 마계 카메라 VS **B** 모여 있는 괴물

계속 아래쪽을 보고 있으면, 스피치 대본을 읽고 있다는 걸 들키고 말 거야. 믿음직스러워 보이지 않겠지. 그렇다면 마계 카메라를 봐야 할까? 하지만 눈앞에 있는 괴물들을 보지 않으면 무시한다고 생각할지도 몰라. 괴물들의 눈을 보면 긴장해서 실수할 것 같은데….

결과는 25쪽

스피치 내용은 무엇이 좋을까?

A 다 함께 힘을 합치면 좋은 일이 생긴다

B 내 말을 들어 줘

스피치 대본은 "이 자리에 모인 제군들, 난 새로운 마왕 마오다."라고 인사한 뒤에 두 가지 버전으로 나뉘어 있어. 마왕답게 내 말을 들으라고 명령할까? 아니면 괴물들에게 함께 노력하자고 호소할까? 어떤 말을 하는 게 정답일까?

결과는 25쪽

결과 확인! 마왕으로 인정받기는 성공? 실패? >>> '살아남는 방법'을 체크하자!

1st 서바이벌 · 마왕이 탄생하다!
살아남는 방법

이래야 산다!

낯선 괴물들 앞에 서야만 하는 시간, 어떤 선택을 했니? 과연 무슨 일이 벌어질까? 설명을 잘 읽고 스피치 능력을 키워 보자!

CASE 1 　 마왕으로 인사할 때는?

마왕이 되어 하는 첫인사인데 의자에 앉은 채로 이야기하면 '건방지고 기분 나쁘다'는 느낌을 줄 수 있어. 처음에는 **'B 일어서서 인사한다'**. 모두에게 내 모습이 잘 보일 테니까 주목도 끌 수 있어.

CASE 2 　 스피치할 때 목소리 크기는?

반 친구들 앞에서 발표할 때를 떠올려 보자. 너무 작은 목소리로 말해도 안 되지만, 있는 힘껏 큰 소리를 내는 것도 좋지 않아. 큰 소리를 내는 데만 신경 쓰다가 '상대방에게 내 생각을 전달한다'는 목적을 잊어버릴 수 있거든. **'A 방에 있는 괴물들에게 들릴 정도로'** 말하자. 목소리 크기보다 상대방에게 말의 내용을 잘 전달하는 게 가장 중요해.

CASE 3 　 스피치할 때 말하기 속도는?

발표할 때 빠르게 말하면 상대방이 잘 알아듣지 못할 수 있어. 게다가 긴장하면 생각보다 말이 빨라져. **'B 평소보다 조금 천천히'** 이야기하자. 긴장했을 때는 천천히 이야기해야 상대방이 알아듣기 좋다는 사실을 기억해!

CASE 4   시선은 어디를 향해야 할까?

보통 대화할 때는 상대방의 눈을 보면서 이야기하는 게 좋아. 카메라로 중계하면서 스피치를 할 때도 마찬가지야. 이 경우 'B 모여 있는 괴물'을 바라보자. 계속 카메라만 바라보면 현장에 있는 괴물들이 무시당한다고 느낄 거야. 중계를 보는 괴물들은 카메라를 바라보지 않아도 자연스럽게 여길 테니 걱정 마.

CASE 5   스피치 내용은 무엇이 좋을까?

리더가 되어 스피치를 할 때는 리더가 '명령하는 사람'이 아니라 자리에 모인 사람들과 '협력하는 사람'이라는 점을 전달해야 해. 내 말을 들어 달라는 부탁도 사실은 명령과 크게 다르지 않으니 'A 다 함께 힘을 합치면 좋은 일이 생긴다'라는 말로 설득하자. 그래야 모두가 협력하여 리더를 띠를 거야.

FINAL CHECK

- 좋은 첫인상을 주도록 하자.
- 눈앞에 있는 사람을 확실하게 바라보자.
- 상대방이 어떻게 생각할지 상상하고 행동하자.

아이템

대중 앞에서 발표할 때 사용하자!

스톱워치 기능이 있는 시계

스톱워치 기능이 있는 시계는 스피치 시간을 체크할 때 쓸 수 있어. 막상 말을 시작하면 덧붙이는 말이 점점 늘어나 어느 순간 아무도 듣고 있지 않을 때가 종종 있거든. 정해진 시간 안에 스피치를 끝낼 수 있도록 시간 분배에 신경 쓰자.

> 시작, 종료 버튼을 누르기 쉬운 제품을 추천해!

스탠드 조명

스피치 할 때 스탠드 조명으로 내 얼굴을 밝게 보이도록 하자. 말하는 사람의 얼굴이 잘 보이지 않으면 스피치에 집중하기가 어려워. 특히 온라인으로 중계하는 경우에는 상반신만 보일 테니까, 최대한 얼굴이 잘 보이는 게 좋아.

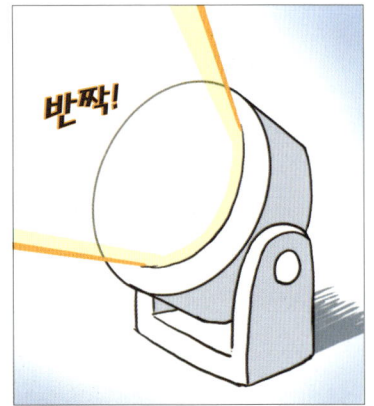

TRAINING 🏋 트레이닝

갑작스러운 스피치에 대처하자!

💪 미리 스피치 연습을 하자

내 생각을 정확하게 전달하기 위해서는 사전 준비가 필요해. '어떤 이야기'를 '어떤 순서'로 말할지 생각해 두는 거야. 스피치 전에 대본을 소리 내서 읽어 보거나, 친구 앞에서 연습을 하자. 그럼 부족한 점을 파악할 수 있고, 실제 스피치할 때 덜 긴장할 거야.

💪 스피치에서 '손'과 '몸'을 사용하자

발표할 때 생각을 잘 전달하고 주목을 끄는 기술 중 하나로는 손동작과 몸동작이 있어. 말하는 내용에 맞춰서 '크게', '천천히' 손과 몸을 움직이는 게 요령이야. 쑥스러워서 몸짓이 작아지거나 빨라지면 듣는 사람에게는 불필요한 움직임으로 보일 수 있으니 조심하자.

소통피디아

모두가 공감할 목적을 세우고 공유하자!

 ## 우리가 이 일을 함께 해내야 하는 이유는 뭘까?

마왕이 되어 마계를 이끌려면 앞으로 괴물들과 함께 논의해서 결정해야 할 일이 많을 거야. 인간계에서 학교생활 할 때를 떠올려 봐. 학교 행사나 반 활동을 준비할 때 회의를 통해 서로 의견을 주고받잖아. 이때 반드시 거쳐야 하는 과정 중 하나가 '**역할 나누기**'야. 어떤 일을 준비하든 다양한 역할이 필요하고, 역할을 잘 나누어야 일이 원활하게 진행되는 법이야.

그런데 역할을 나누기 전에 먼저 해야 할 일이 있어. 바로 모든 구성원이 공감할 만한 하나의 '목적'을 세우고 공유하는 거야.

학교 축제 때 우리 반에서 '연극'을 준비한다고 가정해 볼까? 연극을 하는 데 필요한 역할을 나누기 전에 우리 반이 연극을 통해 이루고자 하는 목적을 생각해 보자. '모두가 함께 연극을 준비하며 학창 시절의 즐거운 추억을 만들자.' 같은 목적을 세울 수 있겠지. 즐거운 추억을 만드는 일은 대부분 아이들이 원하는 일이야. 이처럼 목적은 일에 참여하는 많은 사람들이 만족할 만한 것으로 세워야 해. 그래야 모두가 하나의 목적을 바라보며 앞으로 나아갈 수 있어.

하나의 목적을 세운 뒤에는 각자 맡을 역할을 나누면 돼. 물론 모든 구성원이 자기가 맡은 역할에 만족할 수는 없어. 하지만 앞서 공동의 목적을 공유하면, 좀 더 수월하게 서로 의견을 조율하고 구성원들이 결과를 기꺼이 받아들이게 될 거야.

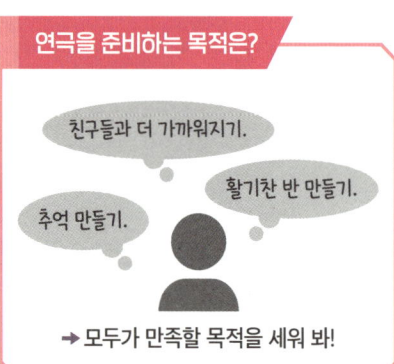

모든 구성원이 함께해야 하는 일을 준비할 때
누가 어떤 역할을 맡을지 정해야 해.
이때 도움이 되는 방법을 알아볼까?

문제가 있다면 구체적인 해결책을 찾자

모두가 공동의 목적에 공감하고 역할을 나누더라도, 자신이 맡은 역할에 문제를 제기하는 구성원이 나올 수 있어. 그럴 때는 문제를 해결할 방법을 함께 논의해 보자.

이를테면 연극에서 의상을 담당한 아이가 "학급비가 충분하지 않아서 의상을 제대로 준비하기 힘들어."라고 이야기한다면 어떻게 할까? 다른 부분에서 비용을 줄여 의상 비용을 더 확보하거나 반 친구들의 옷을 빌려 의상 비용을 줄이는 방법 등을 떠올릴 수 있을 거야. <mark>작은 문제라도 같이 의견을 나누면, 더 다양하고 구체적인 해결 방안을 찾을 수 있어.</mark>

비용 문제를 해결하려면?

- 의상을 준비할 비용이 부족해.
- 소품을 최소한으로 하고 의상에 집중할까?

- 다른 부분에서 비용을 줄일 수 있을까?
- 반 아이들 옷을 빌리는 방법도 있어.

"아무것도 하기 싫어."라고 말하는 괴물이 있다면?

역할을 정할 때 "난 아무것도 하기 싫어."라고 입을 다물어 버리는 괴물이 있을 수도 있어. 사실 속으로는 '자신이 없어. 하지만 못 하겠다고 말하기는 싫어.'라고 생각하는 걸지도 몰라. 그럴 때는 "할 수 있는 일을 한번 찾아보자."라고 제안해 보는 게 좋아.

NEXT 서바이벌

힘을 합칠

동료를 찾아라!

새로운 마왕이 된 마오는 무사히 괴물들 앞에서 인사를 끝냈어.

스피치가 끝나서 안심했지만,

시종들 말로는 지금부터 본격적으로 바빠질 거래.

아무래도 선대 마왕이 없는 사이에 일이 잔뜩 밀린 모양이야.

일이 엄청나게 많아서 절대 혼자서는 할 수 없어!

유력 마족의 힘을 빌려야 할 것 같아. 하지만 이제 막 만난 사이인데,

어떻게 해야 유력 마족들의 도움을 받을 수 있을까….

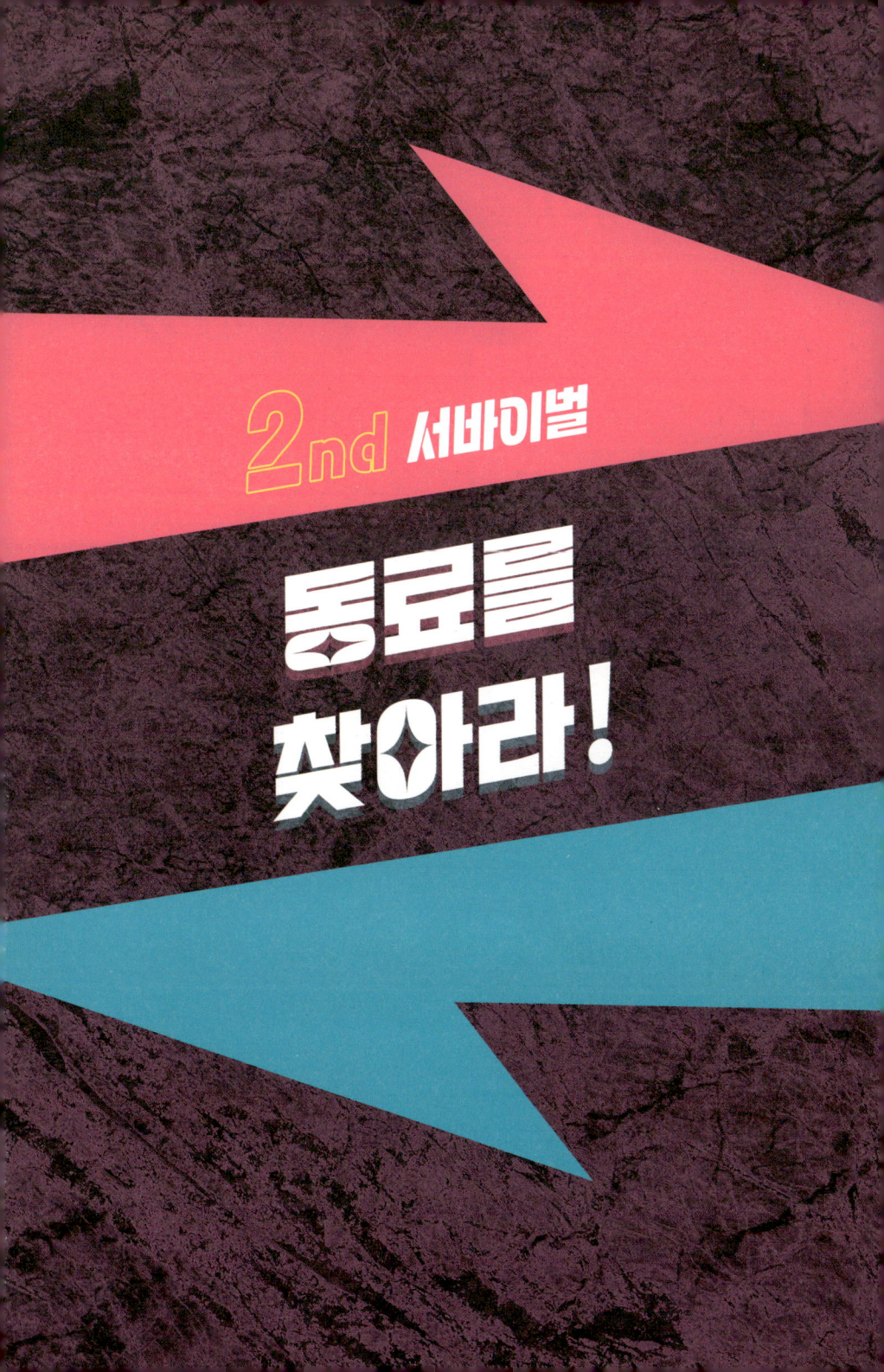

살아남기 위한 어드바이스!

◆ 내 행동을 드러내자!

내 편을 늘리기 위한 첫걸음은 내가 무엇을 하는지 모두에게 보여 주는 거야.
남몰래 숨어서 행동하면 수상하다고 생각하며 경계할 수 있어.

◆ 내 생각을 분명하게 전하자!

동료를 만들고 싶다면 내 생각을 분명하게 전달하는 것이 중요해.
생각을 숨기거나 비밀이 있으면 믿음을 얻기 어려워.

◆ 포기하지 않는 열정을 보이자!

부탁을 한 번 거절당했다고 바로 포기하면 상대방은 진심이 아니었다고
생각할 거야. 포기하지 말고 동료가 되고 싶다는 열정을 여러 번 전달하자.

CASE 1. 마계의 동료를 늘리려면

A 강제로 지배한다 **VS** **B** 대화로 설득한다

마왕으로서 할 일이 너무 많아서, 나를 도와줄 괴물을 찾아야 해! 엄하게 명령을 내리면 마왕을 두려워하는 괴물은 따를지도 몰라. 아니면 이야기를 나누며 괴물을 설득하는 게 좋을까?

결과는 38쪽

CASE 2. 어떤 태도로 다가갈까?

A 열렬하게 감정을 드러낸다 **VS** **B** 끝까지 냉정함을 유지한다

만난 지 얼마 안 된 괴물을 내 편으로 만들기는 쉽지 않을 것 같아. 어떤 식으로 이야기해야 좋은 인상을 줄 수 있을까? 열정적으로 이야기해 볼까? 그럼 마음은 전달될지도 모르지만 놀랄 것 같은데…

결과는 38쪽

 **CASE 3** 부탁을 거절당했다면

A 이유를 물어본다  **B** 다른 괴물에게 부탁한다

괴물에게 딱 맞는 일이라고 생각했는데…. 부탁을 거절한 이유를 물어볼까? 아니면 빨리 다른 괴물을 찾아서 부탁하는 게 좋을까?

결과는 38쪽

 **CASE 4** 도움이 필요한 괴물이 있다면

A 동료가 되어 주는 조건으로 도와준다 **B** 먼저 도운 뒤 동료가 되기를 기대한다

어려움에 처한 괴물을 도와준다면 동료가 되어 줄지도 몰라. 하지만 곤란한 상황에서 '동료가 되어 준다면' 하고 조건을 붙여 도와줘도 될까? 그러면 치사한 녀석이라고 생각할 텐데…. 아무 조건 없이 도와줘도 동료가 되어 줄까?

결과는 39쪽

괴물을 돕는 건 언제 시작할까?

A 바로 행동한다

B 차분히 계획을 짠 뒤에 행동한다

어려움에 처한 괴물을 돕기로 했는데, 언제부터 돕는 게 좋을까? 약속도 했고 상대방도 곤란한 상황이니 바로 돕는 게 좋을 것 같은데…. 계획도 없이 시작했다가 이런저런 문제가 생기면 오히려 폐를 끼치게 될지도 몰라. 바로 행동하는 것과 꼼꼼하게 계획을 세운 뒤에 하는 것, 어느 쪽을 선택해야 상대방을 만족시킬 수 있을까?

결과는 39쪽

결과 확인! 동료를 늘리는 행동은 **성공? 실패?** >>> '**살아남는 방법**'을 체크하자!

2nd 서바이벌 · 동료를 찾아라!
살아남는 방법

이래야 산다!

마왕의 일을 도와줄 동료를 찾기 위해 어떤 선택을 했니? 과연 무슨 일이 벌어질까? 설명을 잘 읽고 소통 능력을 키워 보자!

CASE 1 마계의 동료를 늘리려면

일방적으로 명령을 받으면 누구나 기분이 나빠져. 그러니까 'B 대화로 설득한다'가 맞겠지. 동료가 되려면 충분히 대화하면서 신뢰 관계를 쌓는 것이 중요해.

CASE 2 어떤 태도로 다가갈까?

감정을 담아 말하면 친한 상대에게는 효과적으로 전달될 수 있어. 하지만 낯선 괴물들에게는 감정을 담아 말해도 공감을 얻기 어려울 거야. 정답은 'B 끝까지 냉정함을 유지한다'. 동료가 왜 필요한지, 어떤 일을 부탁하고 싶은지 등 상대방이 알고 싶어 하는 내용을 차분하고 정중하게 전달하자.

CASE 3 부탁을 거절당했다면

정답은 'A 이유를 물어본다'. 거절을 당하면 그 순간에는 실망하기 쉬워. 하지만 상대방이 거절한 이유를 알아야 그 문제를 해결하거나 충분히 상대방이 들어줄 수 있는 다른 부탁을 할 수 있어.

CASE 4　도움이 필요한 괴물이 있다면

정답은 'A 동료가 되어 주는 조건으로 도와준다'. 일방적으로 도움을 주기는 어려워. 상대방을 도와주는 대신 나도 도움을 받는 조건을 제시하고, 동료가 되면 상대방에게도 이득이라는 사실을 명확하게 보여주자.

CASE 5　괴물을 돕는 건 언제 시작할까?

남에게 도움을 요청한다는 건 처한 상황이 시급하다는 뜻이야. 그러므로 정답은 'A 바로 행동한다'. 지원이 늦어지면 상대방은 실망하게 돼. 오래 기다리게 하면 상대방은 지치고 말 거야. 나중에 도움을 받는다 해도 고마운 마음이 옅어지겠지.

FINAL CHECK

- 동료를 만들려면 차분하게 설득하자.
- 거절당한 경우에는 이유를 물어보자.
- 누군가가 도움을 청하면 바로 행동에 나서자.

아이템

다른 괴물과 만날 때 준비하자!

손거울

손거울은 부스스한 머리, 흐트러진 복장 등을 살피고 정리할 때 필요해. 평소에 겉모습을 단정하게 하면 주위의 호감을 살 수 있어. 특히 앞에 나가 발표할 때는 겉모습이 중요해. 손거울을 가지고 다니면서 발표 전에 내 모습을 슬쩍 확인하자. 환한 미소를 지어서 웃는 얼굴인지 체크하는 것도 필수!

체크리스트

나중에 해결하려고 미뤄 둔 일만 따로 체크리스트에 정리해 두자. 리스트를 작성해 두면 다른 누군가와 대화할 때 해결 방법이 떠오를 수도 있어.

트레이닝

설득할 때 마음을 다스리자!

거절에 낙담하지 말자

동료가 되어 달라고 말을 걸었는데 원하는 반응이 돌아오지 않으면 '내 잘못인가?'라며 낙담하게 될 수 있어. 상대방은 다른 일 때문에 바빴을 수 있으니까 내 탓인지 고민하는 건 의미 없는 일이야. '그럴 수도 있지, 지금은 안 되나 보네!' 하고 흘려보내자.

마음을 차분하게 만드는 주문을 준비하자

상대방의 말에 무심코 울컥할 때 말대꾸를 하면 싸움으로 번지게 돼. 그럴 때는 마음을 가라앉히기 위한 나만의 방법이나 주문을 만들어 보자. 예를 들어 주먹을 꽉 쥐고 좋아하는 음식을 먹는 상상을 하는 거야. 그런 다음 다시 이야기하면 상대방에게 상처 주는 말을 하지 않게 될 거야.

소통피디아

부탁은 진솔하고 명확하게!

 ### 내가 바라는 것, 네가 바라는 것

상대방에게 무언가를 부탁할 때 가장 중요한 것은 '진짜 바라는 것'을 명확히 전달하는 거야. 반대로 누군가에게 부탁 받았을 때도 상대방이 진짜 바라는 게 무엇인지 파악하는 게 좋아. 많은 괴물과 인간이 종종 속마음을 숨기곤 해. 자기 속마음을 드러내면 상대방이 자신에게 실망하거나 싫어할 거라 생각하기 때문이지. 마왕이 괴물에게 어떤 일을 맡아 달라고 부탁하는 상황을 떠올려 봐. 마왕은 마계를 지키는 데 자신을 도울 동료가 필요한 건데, 그 사실을 괴물이 알면 자신을 무시할까 봐 "네가 한가해 보여서."라고 말한다면? 진짜 바라는 것을 숨기고 다른 핑계를 대며 얼버무리면, 상대방이 어색함을 눈치채거나 오해하기 마련이야. 그런 상황에선 선뜻 부탁을 들어주기 어렵겠지. 상대방에게 부탁하거나 도움을 구할 때는 내가 무엇을 바라는지 분명하게 밝히고, 누군가에게 부탁을 받을 때도 무엇을 바라는 건지 확실하게 물어보자.

상대방에게 바라는 게 있을 때
효과적으로 부탁하는 방법은 무엇일까?

내게 좋은 것, 네게 좋은 것

상대방에게 부탁할 때 또 한 가지 중요한 게 있어. 바로 <mark>상대방이 무엇을 바라는지 미리 생각해 보는 거야.</mark> 상대방의 필요를 파악하고 서로에게 이득이 되는 제안을 하면, 훨씬 쉽게 설득할 수 있거든.

예를 들어 마왕이 어떤 괴물에게 마을 경비를 부탁하려고 해. 이 괴물은 최근에 집이 무너져서 지낼 곳이 필요한 상황이야. 마왕이 "마왕성에서 지내게 해 줄 테니, 마을 경비를 맡아 달라."고 부탁하면 어떻게 될까? 괴물도 만족스러워하며 흔쾌히 경비를 맡아 줄 거야.

이처럼 부탁하기 전에 상대의 필요를 알아 두면, 서로가 만족할 만한 제안을 할 수 있어. 물론 이때 '내가 바라는 것'과 '상대방이 바라는 것'의 정도가 비슷해야겠지?

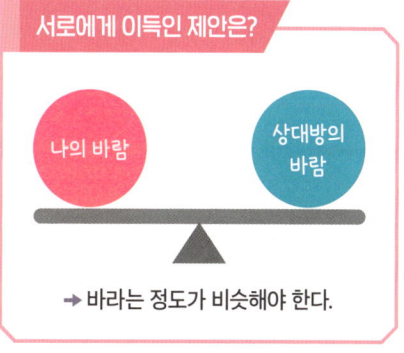

> **서로에게 좋은 제안을 했는데도 상대방이 거절한다면?**
> 상대방이 무엇을 바라는지 알고 서로에게 도움이 되는 제안을 했다 해도 거절을 당할 수 있어. 그럴 때는 실망하지 말자. 상대가 바랄 것 같은 또 다른 제안을 하거나, 상대가 원하는 것을 직접 물어보며 협의하면 돼.

NEXT 서바이벌

괴물과 인간 사이를
중재하라!

유력 마족들의 협력을 얻는 데 성공해서 일단 한숨 돌렸어.

그때 마계와 인간계를 잇는 동굴에서

괴물이 인간에게 습격받는 사건이 발생했어!

인간 중에는 엄청나게 강한 '용사'도 있어서,

괴물들이 두려움에 떨고 있어.

마왕으로서 마계와 괴물들을 지켜야만 해!

물론 인간과 싸우지 않고 끝난다면 가장 좋겠지만 말이야….

3rd 서바이벌
인간과 협상하라!

살아남기 위한 어드바이스!

◆ 리더로서 앞장서자!

리더가 지시를 내리기만 하면 모두의 신뢰를 얻기 힘들어. 동료와 함께 행동하고 앞장서는 모습을 보여 주자. 그럼 괴물들이 협력하고 싶어 할 거야.

◆ 상대방이 원하는 것을 들어 보자!

싸우는 것보다 대화로 해결할 수 있다면 그것이 가장 좋은 협상 방법이야. 우선 상대방이 원하는 바를 듣는 것부터 시작하자.

◆ 규칙을 정하자!

살다 보면 종종 누군가와 트러블이 생기게 마련이야. 트러블로 인해 큰 다툼이 발생하지 않도록 평소 지켜야 하는 규칙을 정하자.

CASE 1 — 인간이 마계를 침략했다고?

A 무기를 모은다 **vs** **B** 현장의 정보를 수집한다

아무래도 용사가 마계를 침략한 것 같아. 인간과 괴물 사이에는 원래 트러블이 자주 있었던 모양이야. 우선 적과 싸우기 위해 무기를 모아야 할까? 아니면 적에 관한 정보를 모으는 편이 좋을까? 지금 이 상황에서 리더가 내려야 할 올바른 지시는 무엇일까?

결과는 52쪽

CASE 2 — 인간이 무기를 들고 있다면

A 묻지도 따지지도 말고 싸운다 **vs** **B** 차분하게 대화한다

인간과 싸우게 되다니 내키지 않는 상황이야. 괴물이 더 강해 보이니까 막상 싸우면 이길 수 있을 것 같아. 하지만 서로 오해가 있는 듯하니 대화로 해결할 수 있을지도 몰라. 둘 중 어느 쪽이 서로에게 좋을까?

결과는 52쪽

마계 특산물을 전부 넘기라고 한다면

A 싸움을 피하기 위해 받아들인다 **VS** **B** 왜 필요한지 묻는다

인간은 마계의 특산물을 원한대. 인간계에서 무척 귀하게 여겨지나 봐. 일단 넘겨주면 인간들이 물러나겠지만, 특산물을 전부 넘겨주게 되면 몇몇 괴물은 곤란해지는 상황이야. 인간들이 특산물을 전부 넘기라고 하는 이유가 뭘까?

결과는 52쪽

어떤 조약을 맺어야 할까?

A 인간계의 특산물과 교환한다 **VS** **B** 넘겨주는 대신 마계에 오지 않도록 한다

인간이 약을 만들기 위해 마계의 특산물이 필요하다는 것을 알았어. 하지만 그냥 주는 건 불공평해. 마계에서 가치 있는 물건과 교환한다면 괴물들도 좋아하겠지. 아니면 인간과의 싸움을 예방하기 위해 두 번 다시 마계에 오지 못한다는 조건을 붙일까?

결과는 53쪽

CASE 5 : 조약 기간은 어떻게 할까?

A 긴 기간으로 한다 VS **B 짧은 기간으로 한다**

조약 기간은 얼마나 유지하는 게 좋을까? 긴 기간 같은 조건으로 유지하면 서로 알기 쉽고 좋을 것 같기도 해. 하지만 짧은 기간은 조약 기간이 끝나 갈 때 상황에 맞게 내용을 바꿀 수 있으니 다툼을 예방할 수 있을지도?

결과는 53쪽

결과 확인! 인간과의 교섭은 성공? 실패? >>> '살아남는 방법'을 체크하자!

3rd 서바이벌 · 인간과 협상하라!
살아남는 방법

이래야 산다!

갑자기 찾아온 인간의 협상에서 어떤 선택을 했니? 과연 무슨 일이 벌어질까? 설명을 잘 읽고 협상 능력을 키워 보자!

CASE 1 인간이 마계를 침략했다고?

리더의 역할은 모두에게 올바른 지시를 내리는 거야. 긴급 상황일 때 우선 무엇이 필요한지를 판단해야 해. 그러지 않으면 잘못된 지시를 내려서 모두의 노력을 허사로 만들 수도 있어. 그래서 정답은 **'B 현장의 정보를 수집한다'**. 현장에 있는 용사들은 몇 명이나 되는지, 왜 마계에 쳐들어왔는지부터 파악하자.

CASE 2 인간이 무기를 들고 있다면

무기를 들고 있다 하더라도 **'B 차분하게 대화한다'**. 아무런 이유 없이 싸우려는 사람은 없어. 불만이나 요구가 있으니까 싸움으로 해결하려는 거야. 상대방이 가진 불만이나 요구를 듣는 일부터 시작하자. 내 행동 중에서 상대방이 불만을 가지게 된 원인을 찾을 수도 있어.

CASE 3 마계 특산물을 전부 넘기라고 한다면

상대방의 요구를 냉큼 받아들이면, 상대방은 무슨 말을 하든 다 들어줄 거라고 생각하게 돼. 요구를 들어줄지 결정하기 전에 **'B 왜 필요한지 묻는다'**. 인간이 왜 마계의 특산물을 원하는지 알게 된다면, 서로에게 좋은 결과가 무엇일지 함께 고민해 볼 수 있어.

CASE 4   어떤 조약을 맺어야 할까?

인간이 두 번 다시 마계에 오지 못하도록 하는 약속은 반드시 지켜질 거라고 볼 수 없어. 정답은 'A 인간계의 특산물과 교환한다'. 인간에게 손해가 아니고, 괴물들도 원하는 것이 손에 들어온다면 분명 좋아하겠지. 서로에게 이득인 관계를 만들 수 있다면 힘들게 싸울 이유도 없어질 거야.

CASE 5   조약 기간은 어떻게 할까?

조약 기간이 너무 길면 중간에 서로가 바라는 점이 바뀔 가능성도 있어. 그렇게 되면 서로에게 이득이었던 관계가 깨지고 불만이 쌓이게 돼. 정답은 'B 짧은 기간으로 한다'. 짧은 기간 동안 먼저 진행해 보고, 그 기간이 끝날 때 상황이 똑같다면 연장하면 돼. 상황이 바뀌었다면 그에 맞춰 조약 내용을 수정하자고 교섭하면 되지.

FINAL CHECK
- 문제가 생기면 상황부터 파악하자.
- 서로에게 이득인 방법을 생각하자.
- 눈앞에 닥친 문제에 관한 규칙부터 정하자.

중요한 약속을 앞두고 챙기자!

아이템

스케줄러

스케줄러는 중요한 일정을 적어 두는 수첩이야. 상대방과 약속을 정하거나 일정을 관리하려면 꼭 필요하지. 한참 뒤의 약속, 상대방에게 빌려준 것을 돌려받기로 한 날, 외출 일정 등을 적어 두자. 스케줄러를 매일 펼쳐 보는 습관을 들이면 중요한 일정을 깜빡하지 않을 수 있어.

단어장

누군가와 중요한 소통이나 협상을 할 때는 적절한 단어를 사용하는 게 중요해. 평소 모르는 단어는 바로 사전에서 찾아보는 습관을 들이자. 어려운 단어는 따로 나만의 단어장을 만들어 정리해 두면, 기억하기 쉬울 거야.

TRAINING 🦾 트레이닝

리더에게 필요한 힘을 기르자!

🦾 체력을 기르자

리더로서 맡은 역할을 해내기 위해 여기저기 돌아다니려면 튼튼한 체력이 필요해. 평소에 걷거나 달리기를 하며 체력을 길러 두자. 매일 운동하는 게 힘들다면 요일과 시간을 정해 가볍게 시작해도 좋아.

🦾 상대방의 기세에 눌리지 말자

상대방이 자신만만하게 말하면 나도 모르게 밀리기 마련이야. 그럴 때는 일단 침착하게 "그러니까 네가 원하는 건 이런 거구나." 하고 상대방의 이야기를 한 번 정리한 뒤에 내 생각을 전달하는 게 좋아. 그러면 상대방도 진정하고 내 이야기에 귀 기울일 거야.

소통피디아

설득할 때 상대방의 반응을 예상하자!

상대방이 어디까지 OK 할까?

어느 날 마왕이 괴물들에게 충격적인 명령을 내렸어. 바로 괴물들이 노는 걸 아예 금지시킨 거야. 괴물들이 맨날 놀기만 하고 마왕성과 마을 지키는 걸 소홀히 했기 때문이지. 괴물들은 노는 시간을 줄이겠다며 마왕을 설득하려 했어. 이때 괴물들이 평소 노는 시간이 4시간이었다면, 30분을 줄이겠다고 제안했을 때 마왕은 받아들일 수 있을까?

누군가를 설득하기 전에는 상대방의 반응을 예상하고 그가 받아들일 만한 선에서 제안해야 해. 괴물들이 적어도 노는 시간을 2시간은 줄이겠다고 해야 마왕이 "절반 정도 줄인다면 괜찮겠지?"라며 허락할 가능성이 커질 거야. 상대방이 받아들일 수 있는 수준을 고려하여 제안해야 한다는 걸 잊지 마.

화가 난 마왕 설득하기

누군가를 설득하기 전에 무엇을 파악하고
무엇을 준비해야 하는지 알아볼까?

설득에는 메모가 필요해

설득하려는 상대방이 진짜 무엇을 원하는지 종이에 써 보면 더 확실한 설득의 조건을 찾을 수 있어. 머릿속으로만 생각하면 놓치기 쉬운데, 직접 써 보면 더 명확하게 보이거든.

앞의 마왕과 괴물들의 이야기를 다시 떠올려 보자. 마왕이 왜 화났는지에 대해선 이렇게 정리할 수 있어.

'마왕은 마왕성이 제대로 지켜지길 원한다. 그런데 괴물들이 놀기만 하고 경비를 소홀히 하니까 불만이다.'

다시 말해 마왕이 진짜 바라는 것은 '놀기 금지'가 아니라 '마왕성 지키기'야. 이렇게 마왕의 속마음을 종이에 적어서 정리해 보면 괴물들이 어떤 제안을 해야 마왕을 설득할 수 있을지 훨씬 분명해져.

마왕이 진짜 바라는 것 적기

> 마왕이 원하는 것:
> 마왕성을 제대로 지키는 것
> ---
> 마왕이 싫어하는 것:
> 괴물들이 놀기만 하고 경비를 소홀히 하는 것
> ---
> 마왕이 받아들일 수 있는 것:
> 경비를 끝내고 나서 노는 것

단순히 "노는 시간을 줄일게요."보다 "마왕성 경비 임무를 다 마치고 나서 놀게요."라고 제안하는 게 효과적이겠지?

생각은 종이에 쓰면 정리하기 쉽다

생각을 종이에 적어 보면 엉망진창이 된 머릿속을 말끔하게 정리할 수 있어. '왜', '무엇을', '어떻게 하고 싶은지' 등을 적으면, 상대방에게 어떤 순서로 이야기해야 잘 전달될지 냉정하게 생각할 수 있지.

마계 회의를 시작하라!

인간과의 협상은 잘 끝났어. 하지만 선대 마왕의 지팡이가 말하길,
이번 일 때문에 불안해하는 괴물이 늘어났다고 해.
게다가 마계에는 자유분방한 괴물이 많아서,
갑작스러운 일이 생길 때 단결력이 부족하다고도 알려 주었어.
마계의 평화를 지키려면 괴물들이 하나로 뭉쳐야만 해!
그래서 회의를 열기로 했어. 회의에 참석할 괴물과
무엇을 결정할 것인지부터 생각하자!

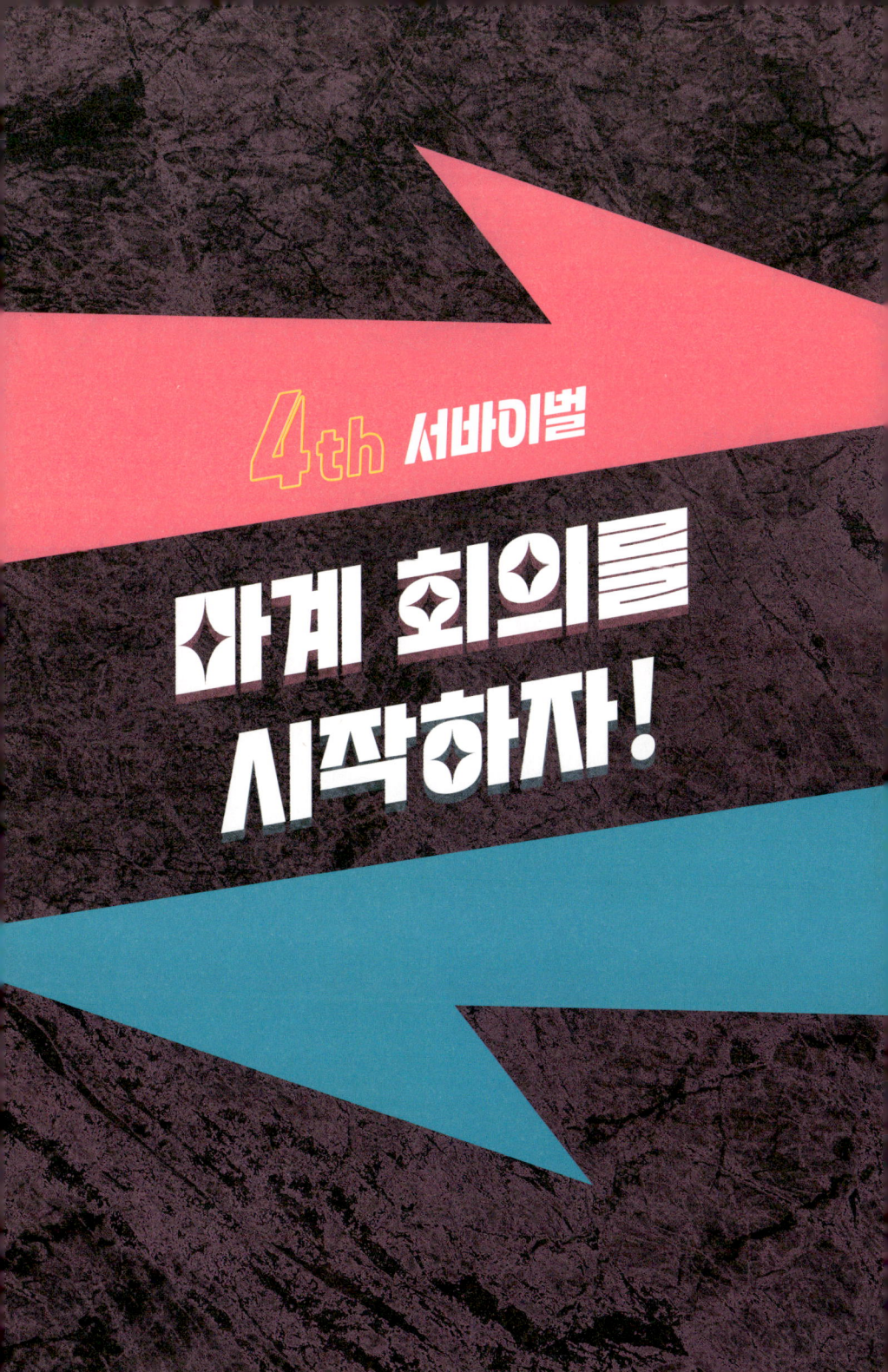

4th 서바이벌
마계 회의를 시작하자!

살아남기 위한 어드바이스!

◆ 괴물들이 행복한 미래를 생각하자!

마왕의 가장 중요한 임무는 괴물들이 행복한 마계를 만드는 거야. 괴물들이 언제, 어떤 상황에서 행복하다고 느끼는지 알아내 실현할 수 있는 방법을 고민하자.

◆ 많은 동료를 모으자!

마계의 의견을 하나로 모으려면 최대한 많은 괴물의 이야기를 들어야 해. 불만이 나오지 않도록 마계 회의에 동료를 많이 모으자.

◆ 회의는 밝고 긍정적으로 진행하자!

회의에서 반대 의견이나 어두운 이야기가 나오면 사기가 떨어지고 말아. 주로 긍정적인 표현을 사용해서 밝은 분위기에서 회의를 진행하자.

CASE 1 — 마계 슬로건은 무엇으로 정할까?

A 인간을 해치우자! vs **B 마계를 풍요롭게!**

슬로건은 어떤 단체의 주장을 간결하게 표현한 문장이야. 앞으로 어떤 마계를 만들어 나가고 싶은지 슬로건을 생각해 보자! 인간의 침략에 겁먹은 약한 괴물들이 있는 한편, 인간을 물리치고 싶어 하는 강한 괴물도 있어. 모두의 마음을 하나로 모을 수 있는 슬로건은 무엇일까?

결과는 66쪽

CASE 2 — 마계 회의 참석자로 누구를 부를까?

A 유력 마족을 중심으로 모은다 vs **B 무조건 많은 괴물을 모은다**

모두가 중요한 일을 결정하는 마계 회의 참석자는 어떻게 정할까? 다양한 의견을 모으려면 많은 괴물이 참석하는 편이 좋을 것 같아. 하지만 참석자가 많으면 회의 진행이 어려울 수 있으니, 괴물들을 대표하는 유력 마족들만 모으는 편이 나을지도?

결과는 66쪽

# CASE 3 : 마계 회의에서 무엇을 만들어야 할까?

A 마계에서 강한 괴물 순위  **B** 마계 업무 분담표

가장 먼저 만들어야 할 마계의 규칙은 무엇일까? 누굴 따라야 할지 확실하기 보여 주기 위해 강한 괴물 순서대로 순위표를 만들까? 아니면 괴물들이 무엇을 해야 할지 알 수 있도록 업무 분담표를 만들까? 어느 쪽을 먼저 만들어야 할까?

결과는 66쪽

CASE 4 : 참석자에게 무엇을 확인해야 할까?

A 가장 하고 싶은 일  **B** 가장 하기 싫은 일

회의에 참석한 괴물들에게 가장 하고 싶은 일과 하기 싫은 일 중 어느 쪽을 확인해야 할까? 하고 싶은 일이라면 의욕이 무척 넘치겠지만 모두가 하고 싶은 일을 할 수는 없는 노릇이고, 하기 싫은 일을 맡기면 의욕이 사라질 텐데…

결과는 67쪽

무엇을 믿어야 할까?

A 점쟁이의 예언 **VS** **B** 전문가가 수집한 데이터

어려운 상황에서 결정을 내릴 때는 어느 쪽을 믿어야 할까? 마계에서는 어떤 방법이 효과적인지 모르겠어. 예로부터 점쟁이의 예언이 몇 번이나 마계를 위험에서 구했다고 하는데, 인간 세계에서는 전문가의 데이터가 더 믿음직했지. 점쟁이의 예언과 전문가가 수집한 데이터, 마계의 미래를 위해서는 어느 쪽을 따르는 게 좋을까?

결과는 67쪽

결과 확인!
마계 회의는 성공? 실패? >>> '살아남는 방법'을 체크하자!

4th 서바이벌 · 마계 회의를 시작하자!
살아남는 방법

이래야 산다!

괴물들의 의견을 하나로 모으는 회의에서 어떤 선택을 했니? 과연 무슨 일이 벌어질까? 설명을 잘 읽고 소통 능력을 키워 보자!

CASE 1 마계 슬로건은 무엇으로 정할까?

인간의 침략을 두려워하는 약한 괴물들은 싸움을 원하지 않고, 강한 괴물들도 싸우다 다치는 것보다는 모두가 풍요롭게 살 수 있는 쪽을 원할 거야. 정답은 'B 마계를 풍요롭게!'.

CASE 2 마계 회의 참석자로 누구를 부를까?

회의 참석자가 너무 적어서 '마음대로 정했다'고 여겨지는 것은 좋지 않지만, 그렇다고 참석자가 너무 많으면 의견이 정리되지 않으니 중요한 일을 정하는 회의에는 맞지 않아. 그래서 정답은 'A 유력 마족을 중심으로 모은다'. 학교에서도 전교 학생회 회의에는 모두의 의견을 대표하는 학급 회장만이 참석하는 것과 마찬가지야.

CASE 3 마계 회의에서 무엇을 만들어야 할까?

마왕의 역할은 앞서 슬로건으로 정한 '마계를 풍요롭게!'를 실현해서, 괴물들이 행복하게 생활하도록 만드는 거야. 그러기 위해서는 '누가 강한가'가 아니라 '누가 무엇을 하는가'가 필요해. 즉 'B 마계 업무 분담표'를 가장 먼저 만들어야지. 누구나 수긍할 수 있도록 업무를 분담하는 것도 리더인 마왕의 중요한 역할이야.

CASE 4   참석자에게 무엇을 확인해야 할까?

회의 참석자에게 **'A 가장 하고 싶은 일'**을 확인해야 해. 괴물들이 무엇을 가장 하고 싶어 하는지 이야기하면서 조율해 나가자. 다 같이 무언가를 할 때는 모두가 하고 싶은 일만 하기는 어려워. 하지만 하기 싫은 일에 관해서만 이야기하면 분위기가 나빠지고 말 거야.

CASE 5   무엇을 믿어야 할까?

마계의 점쟁이는 근거를 설명할 수 없지만, 전문가의 데이터는 확실한 근거를 댈 수 있으므로 믿을 만한 정보라고 할 수 있어. 그래서 정답은 **'B 전문가가 수집한 데이터'**. 무언가를 결정할 때는 과거에 발생한 데이터를 충분히 모아서 최신 데이터와 비교해 보자. 과거 데이터 중에 지금 상황과 비슷한 것이 있다면 앞으로 어떤 일이 벌어질지도 예상할 수 있어.

FINAL CHECK
- 마계가 풍요로워질 방법을 생각하자.
- 목표를 이루기 위해 각자의 역할을 나누자.
- 최신 데이터를 이용해 앞으로의 상황을 예측하자.

회의할 때 준비하자!

 # 아이템 ITEM

점착 메모지

점착 메모지는 주로 책에서 모르는 단어가 있는 페이지에 붙이거나, 전할 말을 게시판에 붙일 때 써. 회의에서 의견을 정리할 때도 무척 도움이 되지. 마계 회의에서 어떤 사항을 정할 때, 모두가 낸 의견을 메모해서 하나씩 붙여 보는 거야. 그럼 모두의 의견을 한눈에 볼 수 있어서 정리하기 쉬워져.

커다란 종이

다 함께 정한 슬로건이나 역할 분담 같이 중요한 내용은 모두가 기억해야 해. 커다란 종이에 적어서 잘 보이는 곳에 붙여 두자. 누구나 언제든지 바로 볼 수 있다면 저절로 오래 기억할 수 있을 거야.

TRAINING 트레이닝

회의를 잘 이끌자!

다른 사람의 역할도 알아 두자

회의는 사회자, 의장, 서기, 발표자 등 역할이 나누어져 있어. 내가 맡은 일은 물론 다른 사람이 맡은 일도 기억해 두면 좋아. 모두의 역할을 알아 두면 일의 내용이나 진행 과정을 전체적으로 볼 수 있거든. 그러면 어느 역할에 도움이 필요한지도 금방 파악하게 돼.

발표할 때는 또박또박 말하자

발표하는 사람의 목소리가 잘 안 들리는 경우가 있어. 긴장하거나 떨려서 목소리가 작아지거나, 발표 대본을 보려고 고개를 숙여서야. 발표할 때는 적당히 큰 소리로 말하고 대본은 다음 내용을 확인하는 정도로만 들여다보자.

소통피디아

듣기는 끝까지!
말하기는 확실한 근거로!

 ### 섣부른 단정은 금물!

소통할 때 가장 위험한 건 '분명 저 사람은 이렇게 생각할 거야.'라고 미리 결론을 내리는 거야. 인간계 용사들은 마계 점쟁이의 예언으로 미래를 점치는 괴물들을 이해하지 못해. <u>생각하는 방식이 서로 다르기 때문이지.</u>

특히 잘 모르는 사람끼리 논의할 때 더욱 조심해야 해. 혼자 결론을 내리고 말하면 상대방은 불쾌할 거야. 자신의 뜻을 잘 알지도 못하면서 제멋대로 판단한다고 느끼게 되니까.

마계 회의에서 마왕성 동쪽 구역 청소를 맡은 괴물 A가 서쪽 구역 청소를 맡은 괴물 B에게 담당 구역을 바꾸자고 제안했어. 그런데 괴물 B가 지레짐작해서 "동쪽 구역이 훨씬 더러워서 그러는 거지?" 하고 반응하면 어떨까? 사실 괴물 A는 서로 공간을 바꿔 청소하면 덜 지루할 것 같아서 한 제안이었는데 말이지. 괴물 B의 반응에 괴물 A도 불쾌해져서 말싸움으로 번질지도 몰라. 항상 상대방의 이야기를 끝까지 듣고, 궁금한 점이 있다면 "왜 그런 제안을 하는 거야?" 하고 물어보자.

괴물 A가 청소 구역 교체를 제안한 이유

소통할 때 문제가 생기는 건
듣거나 말할 때의 잘못된 습관 때문이야.
어떻게 하면 제대로 듣고 말할 수 있을까?

확실한 근거로 이야기하자

소통할 때 애매한 기억이나 추측으로 말하면 이야기가 산으로 가기 쉬워. 말하는 사람도, 듣는 사람도 조심해야 해. 예를 들어 마계 회의에서 인간에 대한 논의를 하는데, 한 괴물이 "인간들은 대부분 새벽에 활동하는 것 같아."라고 말했다면? 그 근거가 뭔지 확인해 봐야 해. 어쩌면 마계에 쳐들어온 용사들만 그럴 수도 있거든. 근거를 확인하지 않고 넘어가면 나중에 문제가 돼. 틀린 정보였다는 걸 알게 된다면 다시 처음부터 논의해야 하니까 시간만 낭비하는 거지.

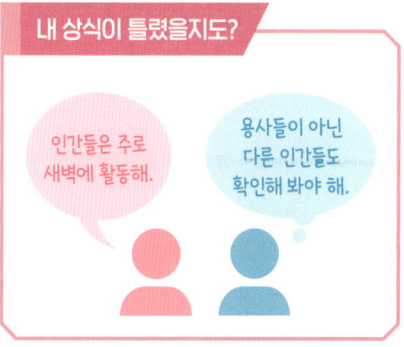

를 잘 보고 준비해 두는 게 좋아. 단, 소문은 주의해야 해. 많이 퍼진 이야기라도 잘못된 정보가 섞여 있을 수 있거든.

확실한 근거가 없을 때는 "그런 의견도 있네. 다른 사람들은 어떻게 생각할까?"라며 더 많은 의견을 들어 보자. 직접 의견을 낼 때도 확실한 근거로 말할 수 있도록 평소 책이나 뉴스

정보는 확인, 또 확인하자

평소 책이나 뉴스 등 믿을 만한 자료를 통해 정보를 확인하는 습관을 들여야 해. 특히 SNS나 유튜브 등에 올라온 정보는 거짓이 섞인 가짜 뉴스일 가능성이 있으니 주의하자.

NEXT 서바이벌

인간계에서 부하를 이끌고 온
최강의 용사와 맞서라!

마계 회의는 무사히 끝났어.

다 같이 힘을 합칠 수 있을 것 같아.

그런데 기쁨도 잠시, 최강의 용사가 부하들을 이끌고

마계로 쳐들어왔다는 소식이야!

용사들이 괴물들을 차례차례 쓰러뜨리고 있어.

이대로라면 마계가 큰일 날 텐데…!

마계의 체제를 정비해서 용사들을 쓰러뜨려야만 해!

5th 서바이벌

전설의 용사와 싸워라!

5th 서바이벌
전설의 용사와 싸워라!

살아남기 위한 어드바이스!

◆ 모두의 안전을 최우선으로 생각하자!

위기가 닥쳤을 때 가장 먼저 생각해야 하는 건 모두의 안전을 지키는 거야. 위험을 피하기 위해 무엇을 해야 하는지 냉정히 판단하자.

◆ 상대방의 다음 움직임을 예측하자!

용사들이 다음에 어떻게 행동할지 예측하자. 상대방의 여러 행동 패턴을 예상해 두면 적절하게 대처할 수 있어.

◆ 어떤 상황에서도 초조해하지 말자!

일이 생각대로 진행되지 않더라도 초조해하면 안 돼. 다른 사람들의 아이디어도 들어 보면서 차근차근 해결 방법을 찾아 나가자.

 **괴물들을 어디로 피난시킬까?**

A 동굴　VS　**B** 오래된 요새

용사들로부터 모두가 안전하게 도망칠 수 있는 곳은 어디일까? 깜깜한 동굴이라면 아무것도 보이지 않으니 용사들이 포기할 수 있을지도…. 하지만 용사들의 움직임을 감시하기에는 오래된 요새가 더 좋을지도 몰라.

결과는 80쪽

 **마력으로 잠들게 하려면**

A 전투 마법사　VS　**B** 치유 마법사

용사들의 갑작스러운 공격에 무척 당황했지만, 지금부터 반격할 거야! 마법으로 잠들게 만드려고 하는데, 딱 한 사람에게만 마법을 쓸 수 있어! 전투 마법사와 치유 마법사 중 누구를 잠들게 할까?

결과는 80쪽

용사들을 어디로 유인할까?

A 독 연못　vs　**B** 용암 구역

동료 중 한 명이 잠에 빠지자, 용사가 서둘러 결판을 내리고 돌진하고 있어. 상당히 초조한 모양이야. 지금이 덫으로 유인할 기회인 것 같아! 독 연못으로 끌어들일까? 아니면 한 번에 공격해서 쓰러뜨릴 수 있는 용암 구역이 나을까?

결과는 80쪽

숲속의 용사들을 교란시키려면

A 크고 힘이 센 괴물　vs　**B** 작고 재빠른 괴물

덫을 빠져나온 용사들이 숲속까지 밀려왔어. 괴물들이 대피할 시간을 확보하기 위해 어떻게든 시간을 끌어야 해! 크고 힘이 센 괴물이 길을 막는 게 나을까? 아니면 작고 재빠른 괴물이 끊임없이 공격하는 게 나을까?

결과는 81쪽

용사들이 마왕성 근처까지 다가왔다면

A 성 안에서 방어한다 vs **B** 나가서 맞서 싸운다

여러 작전을 이용해 용사들과 필사적으로 싸웠지만, 결국 숲을 빠져나와 마왕성 바로 근처까지 쳐들어왔어. 용사들이 마왕성에 도착하기 전에 괴물들을 보내 싸울까, 아니면 성문을 걸어 잠그고 모두 함께 협력하며 방어전을 펼칠까?

결과는 81쪽

결과 확인! 전설의 용사와 싸움은 성공? 실패? >>> '살아남는 방법'을 체크하자!

5th 서바이벌 · 전설의 용사와 싸워라!
살아남는 방법

> 이래야 산다!

평화로운 마계에 갑자기 용사들이 쳐들어왔을 때, 어떤 선택을 했니?
과연 무슨 일이 벌어질까? 설명을 잘 읽고 서바이벌 능력을 키워 보자!

CASE 1　괴물들을 어디로 피난시킬까?

'**B 오래된 요새**'로 피하게 하자. 동굴에서
용사들에게 포위되면 도망칠 길을 확보하기 어려워.
하지만 요새는 지키기도 도망치기도 쉽지. 괴물들도
예전에 사용해 봤던 요새가 훨씬 익숙할 테니,
안전한 요새에서 싸움의 우위를 점하자!

CASE 2　마력으로 잠들게 하려면

적진에 치유 마법사가 있다면, 아무리 타격을 줘도 의미가 없어. '**B 치유 마법사**'를 잠들게 하자.
용사들은 치유 마법사를 지키면서 괴물들과 싸우기 힘들 거야. 또 치유 마법사가 잠들어 버려 피해를
회복할 수 없게 된다면 싸움을 포기하고 돌아갈지도 몰라.

CASE 3　용사들을 어디로 유인할까?

콸콸 흐르는 용암에 닿으면 아무리 대단한 용사라도 다치고 말 거야. 그건 괴물들도 마찬가지.
유인하거나 싸우다 도리어 괴물들이 빠질 수도 있으니 용암 구역은 위험해. '**A 독 연못**'이라면
인간에게만 효과가 있으니까 치유 마법사의 힘을 쓸 수 없게 된 용사들이 더 큰 타격을 받을 거야.

CASE 4 　숲속의 용사들을 교란시키려면

'**B 작고 재빠른 괴물**'들의 빠른 움직임으로 용사들을 교란해 이동 속도를 늦추자. 힘이 약한 괴물들이 마왕성에 숨을 시간을 버는 거야. 큰 괴물은 숲속의 나무 때문에 쉽게 움직이지 못해서 힘을 다 쓸 수 없어. 용사들에게는 오히려 쓰러뜨리기 쉬운 상대일 거야.

CASE 5 　용사들이 마왕성 근처까지 다가왔다면

정답은 '**A 성 안에서 방어한다**'. 마왕성의 수비대가 용사들과 맞서 싸운다 해도 도리어 당할 가능성이 높아. 성 안에서 피난 온 괴물들의 도움을 받으며, 모두가 협력해 마왕성을 지키는 편이 좋아. 멀리서 쳐들어온 용사들과 달리 마왕성 안에는 식료품과 무기 등 전투에 필요한 물자도 저장되어 있어.

FINAL CHECK
- 익숙한 환경에서 실력을 발휘하기 쉽다.
- 앞으로 무슨 일이 생길지 생각해서 판단하자.
- 맹활약을 펼칠 수 있는 멤버에게 일을 맡기자.

전투에 앞서 준비하자!

아이템

응급 처치 도감

전투 도중에 갑작스러운 상황이 발생할 수 있어. 만일의 상황에 대비해서 응급 처치 매뉴얼을 익혀 두자. 몸의 컨디션이 나쁠 때, 다쳤을 때 어떻게 해야 하는지 상세히 알아 두는 거야.

시각 자료

영상이나 사진 등의 시각 자료를 벽에 띄운 다음, 모든 괴물들이 함께 보며 용사들의 특성을 찾아 보자. 큰 화면으로 함께 본다면 용사들의 행동 패턴을 보다 효과적으로 찾을 수 있을 거야.

🏋 트레이닝

> 만일의 사태를 위해 대비하는 법

👊 사고력을 기르자

앞으로 일어날 일을 예측하거나 좋은 대안을 떠올릴 수 있도록, 평소 머리를 쓰는 트레이닝을 하면 좋아. 특히 퍼즐이나 바둑은 앞일을 예측하는 힘과 기억력, 위기를 극복하는 상상력을 기르는 데 도움이 돼.

👊 지도를 만들자

모르는 장소에 갈 때 지도가 있으면 길을 헤매지 않을 수 있어. 평소에 목표 장소까지 갈 지도를 만들어 보자. 길이 어디로 이어지는지, 어떻게 하면 목표 장소에 가장 빨리 도달하는지 재빠르게 예측할 수 있어.

소통피디아

나와 너의 경계선을 알자!

 ## 나는 어디까지 양보할 수 있을까?

앞에서 부탁이나 설득을 할 때 '내가 정말 바라는 게 무엇인가?'를 명확히 아는 것이 중요하다고 했지? 이때 미리 '이 정도까지는 괜찮아.'라는 나만의 한계를 정해 두는 게 좋아. 마왕이 괴물들에게 4시간 동안 마왕성 경비를 부탁하는 상황을 떠올려 보자. 괴물들은 4시간은 너무 길다고 생각하며 반대할 거야. 이때 마왕이 미리 최소한 2시간 30분은 해 줬으면 좋겠다고 생각해 뒀다면, "그럼 3시간은 어때?"라고 다르게 제안할 수 있겠지.

이렇게 양보할 수 있는 경계선을 정해 두면 부탁할 때 훨씬 여유롭게 대화할 수 있어. "무조건 4시간 동안 경비해야 해!" 하고 고집부리다 아예 거절당하는 것보다 훨씬 낫거든.

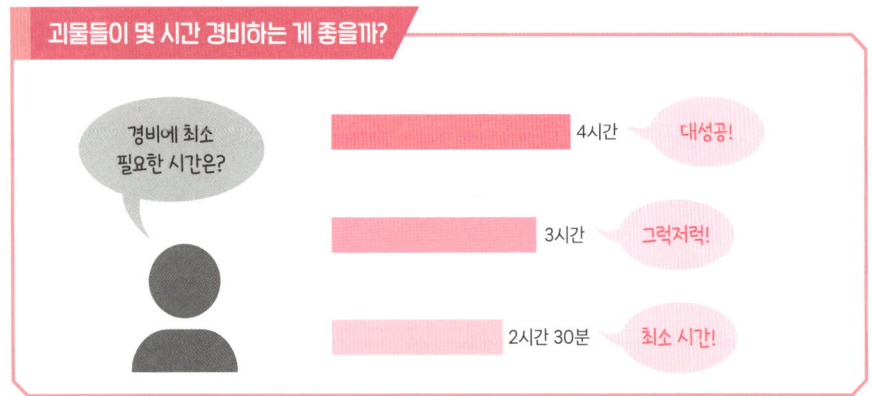

괴물들이 몇 시간 경비하는 게 좋을까?

경비에 최소 필요한 시간은?
- 4시간 — 대성공!
- 3시간 — 그럭저럭!
- 2시간 30분 — 최소 시간!

부탁할 때 무작정 "이걸 해 줘!"라고 한다면 거절당하기 쉬워.
어떻게 하면 부탁을 들어주면서 서로 만족할 수 있을까?

상대방은 어디까지 받아들일 수 있을까?

부탁할 때는 상대방 입장도 생각해야 해. 상대방이 '이 정도까지는 할 수 있어.'라고 생각하는 기준을 알아보는 거야. 앞의 예시를 다시 살펴보자. 괴물들이 4시간 동안 경비하는 건 힘들다고 했을 때, 마왕이 "그럼 너희는 몇 시간까지 할 수 있어?"라고 물었어. 괴물들이 2시간 정도는 괜찮다고 대답한다면?

마왕의 최소 목표(2시간 30분)와 괴물들이 받아들일 수 있는 선(2시간) 사이에서 타협점을 찾는 거야. "그럼 2시간 30분은 어때? 대신 15분 쉬는 시간을 줄게."처럼 조건을 살짝 바꿔서 제안할 수도 있고 말이야. 이렇게 조금씩 양보하면 모두 만족할 수 있는 결론을 낼 수 있어.

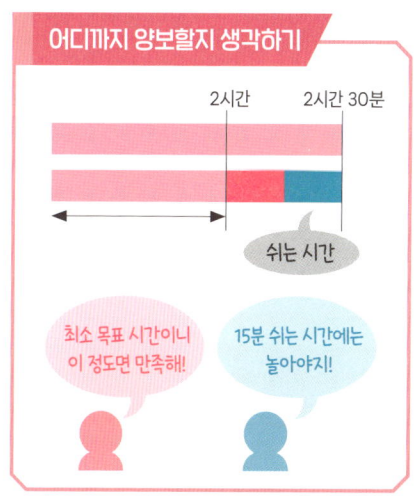

중요한 건 상대방을 억지로 설득하려 하지 말고, 서로가 받아들일 수 있는 지점을 찾는 거야.

무조건 똑같은 게 공평한 건 아니야

괴물들은 2시간 30분 동안 경비를 하기로 했어. 경비 임무 중 하나로 마왕성에 무기 상자를 옮겨야 하는 일이 생겼어. 이때 모든 괴물이 3개씩 옮기기로 한다면 공평해 보이지? 하지만 덩치 큰 괴물과 작은 괴물에는 서로 힘에서 차이가 나. 덩치 큰 괴물에게는 무기 상자를 옮기는 일이 쉽겠지만, 작은 괴물에게는 힘들 수 있거든. 이럴 때는 각자의 능력에 맞춰 옮기는 개수를 다르게 조정해야 해. 무조건 모두에게 똑같은 조건이야 한다는 공평성의 함정에 빠지지 말자.

NEXT 서바이벌

괴물 대회의를 열어
재습격에 대비하라!

용사들은 철수했지만 "반년 후에 또 올 거야!"라며 엄포를 놓고 갔어.

말이 통하지 않으니 분명 또 쳐들어오겠지.

용사들에게 대항하려면 마계의 모두가 힘을 합쳐야 해.

일부 괴물들만 모여서 중요한 일을 결정했던

기존의 방식을 다시 검토하는 게 좋을 것 같아.

모든 괴물이 공통의 목표를 향해 나아가야

힘을 모을 수 있을 거야!

6th 서바이벌
마계를 다시 일으켜라!

용사들의 기습 공격으로 황폐해진 마계를 다시 일으켜 세우려면, 새로운 방식으로 논의해야 할 것 같아. 이대로 가다간 마계가 위험해질 게 분명해. 용사의 재습격에 대비해 다 함께 단결하자!

6th 서바이벌
마계를 다시 일으켜라!

너라면 어떻게 할래?

A와 B 어느 쪽?

단결!

살아남기 위한 어드바이스!

◆ 다른 의견이라도 협력하자!

곤란한 상황일수록 다 같이 힘을 합쳐야 해. 그러기 위해서 모든 괴물이 같은 목표를 가질 수 있도록 논의하자.

◆ 논의는 공평하게 진행하자!

논의는 한쪽에 치우치지 않아야 해. 공평하지 않은 논의로 결론이 나면, 결국 따르지 않는 사람이 나오기 마련이야.

◆ 상대방의 반응을 예상하자!

논의 전에 상대방이 무엇을 생각하고 어떤 이야기를 할지 예상해 두자. 미리 대답을 준비해 놓으면 논의 자리에서도 당황하지 않을 거야.

미래를 지킬 좋은 아이디어가 나오려나?

CASE 1 — 괴물 대회의에 누굴 부를까?

A 내 말을 들어줄 것 같은 동료 **VS** **B** 다양한 괴물의 대표자

논의 자리에 누구를 참석시킬까? 내 의견에 반대하는 사람이 많으면 결론이 나지 않을 것 같아서 곤란한데…. 내 의견에 찬성해 줄 동료가 많으면 안심할 수 있지만, 반대 의견에도 귀 기울이지 않으면 괴물들이 불만을 가질 거야. 누구를 불러야 할까?

결과는 94쪽

CASE 2 — 서로 의견이 갈릴 때는?

A 각자의 의견을 자유롭게 말하게 한다 **VS** **B** 공통의 목표를 전제로 대화를 나눈다

인간과 사이좋게 지내고 싶다는 괴물과 인간과 싸워야 한다는 괴물 사이에 말싸움이 벌어졌어. 어떻게든 싸움을 잠재우고 싶은데, 이럴 때 서로 충분히 토론하게 해야 할까? 아니면 공통의 목표인 '마계 다시 일으키기'에 집중해야 할까? 어떻게 중재하는 게 좋을까?

결과는 94쪽

CASE 3 — 인간과의 회담에서 중재를 부탁한다면

A 요정 여왕  **B** 괴물 장로

회의 결과, 인간과 회담을 갖기로 했어. 회담을 위해서는 둘 사이에서 중재를 맡아 줄 누군가가 필요해. 그 역할은 누구에게 맡길까? 마계와 인간계 어느 쪽 편도 아닌 요정의 여왕? 아니면 마계를 잘 아는 위대한 장로?

결과는 94쪽

CASE 4 — 최종 결론은 어떻게 낼까?

A 모두가 수긍할 때까지 논의한다 **B** 시간을 정해 놓고 논의한다

마계를 다시 일으키기 위한 논의의 최종 결론은 어떻게 내는 게 좋을까? 모두가 찬성할 수 있는 의견이 나올 때까지 논의를 계속할까? 하지만 끝나는 시간을 정하지 않으면 한없이 계속될 것 같은데, 어떻게 할까?

"마계 회의는 10시까지 하겠습니다!"

결과는 95쪽

CASE 5 회담 전에 무엇을 미리 준비해야 할까?

A 강하고 무서워 보이는 괴물을 모은다

B 인간계의 요구를 조사한다

곧 인간계 용사들과의 회담이 시작될 거야! 회담을 위한 최종 준비를 해야 하는데, 카리스마로 상대방을 압도할 만한 최강의 괴물들을 모을까? 아니면 회담의 흐름을 미리 파악하기 위해 용사들이 바라는 것을 조사할까? 어느 쪽이 회담을 성공으로 이끌 수 있을까?

결과는 95쪽

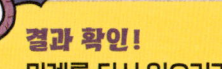

결과 확인!
마계를 다시 일으키기는 성공? 실패?
>>> '살아남는 방법'을 체크하자!

6th 서바이벌・마계를 다시 일으켜라!
살아남는 방법
\\ 이래야 산다! //

마계를 다시 일으켜 세우기 위해 위해 어떤 선택을 했니? 과연 무슨 일이 벌어질까?
설명을 잘 읽고 소통 능력을 키워 보자!

CASE 1 괴물 대회의에 누굴 부를까?

내 의견에 찬성해 줄 괴물들만 참석시키는 것은 불공평한 방식이야. 'B 다양한 괴물의 대표자'를 불러 모아 다양한 의견을 듣자. 그래야 불만을 가지는 괴물이 생기지 않을 거야. 나의 의견이 옳다고 생각한다면 그 이유를 명확히 설명해서 모두를 설득하면 돼.

CASE 2 서로 의견이 갈릴 때는?

우리의 공통 목표는 바로 마계를 다시 일으키는거야. 그러므로 인간과 싸울지 말지 다투는 건 의미가 없어. 정답은 'B 공통의 목표를 전제로 대화를 나눈다'. 논의할 때 무엇이 중요한지를 떠올려 보면 돼.

CASE 3 인간과의 회담에서 중재를 부탁한다면

인간과 괴물 모두 서로의 요구와 의견을 전달해야 평등한 회담이 이루어질 수 있어. 어느 쪽 편도 아닌 'A 요정 여왕'에게 중재를 부탁하자. 괴물 장로가 중재를 맡으면 인간들은 '괴물에게 유리한 거 아냐?'라는 의심을 가지게 될 거야. 결국 회담 결과에 불만을 갖는 원인이 돼.

CASE 4 최종 결론은 어떻게 낼까?

논의한 결론을 모두 옳다고 인정하는 건 어려워. 모두의 찬성을 목표로 하더라도 반대하는 괴물이 계속 생기면 결론이 나지 않겠지. 정답은 'B 시간을 정해 놓고 논의한다'. 단, 정해진 시간까지는 서로 최대한 수긍할 수 있도록 의견을 조율해야 해. 찬성인지 반대인지 정하는 게 아니라, '공통의 목표'를 달성해야 한다는 걸 잊지 마.

CASE 5 회담 전에 무엇을 미리 준비해야 할까?

무서운 겉모습이나 태도로 상대방을 겁주는 것은 잘못된 행동이야. 상대방은 제대로 된 회담을 할 수 없겠다고 생각할 거야. 오히려 내가 불리해지거나 손해 보는 상황이 생길 수 있어. 정답은 'B 인간계의 요구를 조사한다'. 상대방이 뜻밖의 요구를 하면 그 자리에서 바로 올바른 판단을 내리기는 어려워. 회담 전에 미리 상대방의 요구를 조사하고 답을 준비해 두자.

FINAL CHECK
- 성공적인 결론을 이끌어 내기 위해 공통 목표를 확인하자.
- 회담에는 여러 의견을 가진 괴물들을 참석시키자.
- 회담의 중재자는 누구의 편도 아닌 중립적인 종족을 고르자.

아이템

논의를 할 때 챙기자!

📦 필기도구

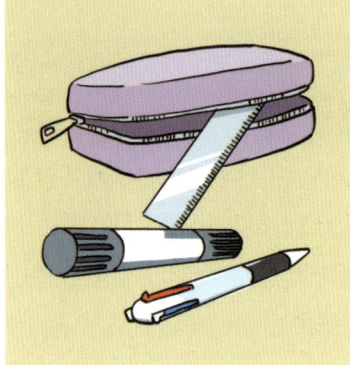

논의 내용을 기록하는 건 필수야. 기록에 필요한 필기도구를 항상 챙겨 다니자. 여러 색깔 펜을 가지고 다니면, 논의 내용의 중요도에 따라 구분해 기록할 수 있어.

📦 메모장

언제 어디서든 누군가 중요한 이야기를 할 수 있어. 그때 바로 적을 수 있도록 주머니에 들어갈 만한 작은 크기의 메모장을 갖고 다니는 걸 추천해. 급하게 메모하면 나중에 알아보지 못할 수 있으니 신중하게 적자.

트레이닝

논의에서 필요한 태도를 갖추자!

상대방의 의견을 잘 듣자

논의 중에는 내 의견을 말하는 데만 신경을 쏟기 쉬워. 하지만 내 의견을 전달하는 것과 마찬가지로 다른 사람의 의견을 잘 듣는 것도 중요해. 일방적인 주장은 논의라고 할 수 없기 때문이야. 상대방의 의견에도 귀 기울이면서 내 의견과 조율할 수 있는 부분을 찾아보자.

간결하게 말하자

긴 발표를 듣고 있다고 상상해 봐. 이야기가 길어질수록 지겨워지고, 처음에 무슨 말을 들었는지 기억나지 않을 거야. 의견을 말할 때는 너무 길게 말하지 않도록 주의하자. 평소에 짧고 정확하게 의견을 전달하는 연습을 해 봐. 같은 말을 반복하지 않는지 체크하는 것부터 시작해 보면 좋아.

소통피디아

의견이 갈릴 땐 심판이 필요해!

 ## 제삼자가 필요한 이유

논의를 하다 보면 서로 자기 의견만 밀어붙이다 싸움이 나는 경우가 많아. 마계 축제 장소를 정하는 상황을 가정해 보자. 마왕은 "지하 동굴에서 하자."고 하고, 괴물들은 "괴물 숲에서 하자."며 서로 양보하지 않는다면? 이때 어느 쪽 편도 아닌 <u>제삼자</u>가 나서는 게 가장 좋아. 마치 스포츠 경기의 심판 같은 역할이지. 다른 예로, 두 괴물이 마계 도서관에서 마법서 한 권을 놓고 "내가 먼저 빌릴 거야!"라며 다투고 있다고 해 보자. 이때 마계 도서관을 관리하는 현명한 마법사가 각자 마법서가 필요한 이유를 듣고 판단해 준다면 어떨까? "처음 마법서를 보는 괴물이 우선"이나 "마법서를 미리 예약한 괴물이 우선"과 같이 공정한 규칙을 정한다면, 두 괴물 모두 받아들일 수 있을 거야.

<u>제삼자는 이처럼 공정한 기준으로 판단하는 사람</u>으로, 양쪽 다 납득할 수 있는 해결책을 제시해야 해.

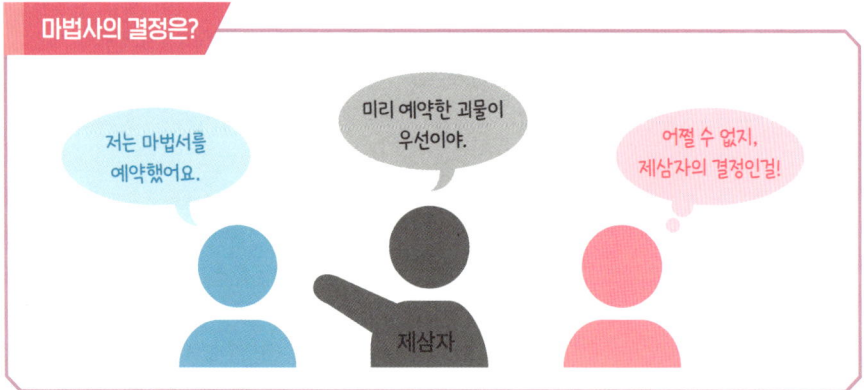

마법사의 결정은?

논의를 해도 완전히 의견이 갈리면 결론을 내기 어려워.
그럴 때는 어느 쪽 편도 아닌 '제삼자'의 의견을 듣자.

제삼자에게 필요한 것

요정 여왕이 인간과 괴물과의 회담에서 제삼자 역할을 맡았다면 어떤 태도가 필요할까? 바로 타당한 근거 없이는 어느 쪽 편도 들지 않는 거야. 그러기 위해선 <u>오직 객관적이고 공정한 기준으로만 판단해야 해.</u>

또 다른 제삼자의 중요한 역할은 논의가 건전하게 이루어지도록 하는 거야. 만약 용사들이 "우리 제안을 안 들어주면, 한 달에 한 번씩 쳐들어올 거야." 같은 협박을 한다면? 이때는 단호하게 그런 방법은 안 된다고 말해야 해. 회담 중인 괴물과 인간들이 너무 흥분해서 소리를 지르거나 감정적으로 변한다면 "잠깐 차분하게 이야기해 보자."라며 분위기를 진정시키는 것도 제삼자의 역할이야.

감정적으로 반응하면 논의는 실패

누구나 싫은 소리를 들으면 울컥하는 법이야. 그렇게 될 경우 잘못된 판단을 내리게 되고, 결과적으로 상대방만 이득을 볼 수 있어. '누가 무슨 말을 해도 화내지 않는다.'라고 결심하고 논의에 참가하자.

NEXT 서바이벌

마계의 평화를
되찾아라!

괴물들과 함께 공통의 목표를 세워 단결할 수 있었어.

이제 준비는 완벽하다고 할 수 있지!

드디어 용사들과 회담하는 날이 왔어.

시종들은 "늦게 등장하면 중요한 사람처럼 보여
기선을 제압할 수 있다모베."라고 하는데, 정말 그럴까?

용사들과 회담을 잘 매듭지어서

평화로운 마계를 되찾아야만 해!

7th 서바이벌

최고의
마왕이 되어라!

7th 서바이벌
최고의 마왕이 되어라!

너라면 어떻게 할래?

A와 B 어느 쪽?

살아남기 위한 어드바이스!

◆ 상대방이 화나지 않도록 신중하게!

회담을 성공시키기 위해서는 우선 상대방이 내 이야기를 듣게 해야 해. 상대방이 대화를 거부할 만큼 화내지 않도록 대처하자.

◆ 냉정함을 잃지 말자!

상대방의 도발이나 협박에 동요하지 말고 차분하게 대화를 이어 가자. 냉정함을 잃으면 내게 불리한 조건을 눈치채지 못할 수 있어.

◆ 모두의 의견을 모으자!

모두가 자유롭게 의견을 낼 수 있는 분위기를 만들어서 여러 아이디어를 받아들이자.

마왕으로서 모두를 지킬 거야!

용사가 화내는 이유는 무엇일까?

A 조약의 내용  **B** 마왕의 태도

회의장에 도착했는데 어째서인지 용사들이 화가 나 있어. 사전에 전달한 조약 내용에 불만이 있는 걸까? 아니면 마왕의 위엄을 보이기 위해 용사들을 10분 정도 기다리게 했는데, 그것 때문에 화가 난 걸까?

결과는 108쪽

사과하면 불리해질까?

A 그래도 사과한다  **B** 절대 사과하지 않는다

시간이 흘렀지만 용사들의 화가 가라앉지 않고 있어. 이대로는 차분하게 대화를 나눌 수 없을 것 같아. 그렇다고 사과하면 약해 보일 것 같고, 회담에서 불리해질지도 몰라. 하지만 용사들을 기다리게 한 것은 잘못된 행동이니까 확실하게 사과하는 편이 좋을까?

결과는 108쪽

CASE 3 조건을 받아들이라고 협박한다면

A 우선 물러선다  **B** 협박에 굴하지 않는다

용사들이 인간계에는 무척 유리하고 마계에는 불리한 조건을 받아들이지 않으면 즉시 마계를 점령하겠다고 협박해. 괴물들을 지키기 위해 불리한 내용이라도 조약을 체결해야 할까? 아니면 협박에 굴하지 말고 마계에 도움이 되는 안을 생각해야 할까?

결과는 108쪽

CASE 4 회담의 목표는 어떻게 정할까?

A 괴물에게도 인간에게도 이득인 일 **B** 괴물에게만 이득인 일

용사와의 회담에서 목표를 정하지 않으면 합의를 볼 수 없어. 그 목표는 괴물들에게 이득인 쪽이 당연히 좋겠지. 괴물 측에 일방적으로 이득인 목표를 제시해야 할까? 용사들이 수긍해야 조약을 체결할 수 있을 텐데….

CASE 5 이상적인 마왕은 어떤 모습일까?

A 자신의 의견을 밀고 나가는 사람 **vs** **B** 모두의 의견을 모으는 사람

새로운 마왕으로서 인간과의 회담을 성공적으로 마무리해서 괴물들을 지켜 냈어. 괴물들이 날 어떻게 평가하고 있는지 모르겠지만, 앞으로도 열심히 해야겠어! 마왕은 위엄있게 자신의 의견을 밀고 나가는 것이 중요할까? 아니면 모두의 의견에 귀를 기울이고 그것을 통합하는 것이 중요할까? 어떤 모습이 가장 이상적인 마왕일까?

결과는 109쪽

결과 확인! 최고의 마왕이 되기는 성공? 실패? >>> '살아남는 방법'을 체크하자!

7th 서바이벌 · 최고의 마왕이 되어라!
살아남는 방법

\ 이래야 산다! /

드디어 찾아온 용사와의 회담에서 어떤 선택을 했니? 과연 무슨 일이 벌어질까? 설명을 잘 읽고 소통 능력을 키워 보자!

CASE 1 용사가 화내는 이유는 무엇일까?

'B 마왕의 태도' 때문이야. 약속을 했는데 시간에 맞춰 오지 않고 지각하는 사람은 신뢰를 얻을 수 없어. 마왕이라고 해서 다른 사람을 기다리게 해도 되는 건 아니야. 약속 시간을 반드시 지켜서 기분 좋게 회담을 시작하자.

CASE 2 사과하면 불리해질까?

정답은 'A 그래도 사과한다'. 약속 시간에 늦어서 다른 사람을 기다리게 만든 일은 명백한 잘못이야. 단, 잘못에 대해서는 사과하되 회담에서 양보할 필요는 없어. 회담 내용으로 상대방의 기분을 누그러뜨리려고 하지 말고, 잘못한 점에 대해서만 확실하게 사과하자.

CASE 3 조건을 받아들이라고 협박한다면

용사들이 협박을 해도 'B 협박에 굴하지 않는다'. 상대방을 초조하게 만들어서 올바른 판단을 막는 방법에는 걸려들지 말자. 용사들은 정말 말처럼 마계를 즉시 점령할 수 있을까? 상대방의 말의 진실을 잘 판단해서, 마계에 도움이 되도록 회담을 이어 가자.

CASE 4　회담의 목표는 어떻게 정할까?

괴물만 이득을 보는 조건을 용사들이 받아들일 리 없어. 'A 괴물에게도 인간에게도 이득인 일'을 찾아야 해. 인간을 잘 속여 넘긴다 해도 나중에 속았다며 싸움이 될 수 있어. 그러니 양보할 수 있는 부분은 양보할 필요가 있어. 서로가 받아들일 수 있는 지점을 찾도록 하자.

CASE 5　이상적인 마왕은 어떤 모습일까?

이상적인 마왕은 'B 모두의 의견을 모으는 사람'이야. 자기 의견을 밀고 나가려고만 한다면, 괴물들은 불만을 가질 거야. 마왕으로서 풍요로운 마계를 만들어 나가기 위해 모두의 의견을 모으자. 그렇다고 해서 내 의견을 표현하지 말라는 건 아니야. 나 자신을 포함한 모두의 의견을 확실하게 듣고 결론을 내는 게 중요해.

FINAL CHECK
- 약속 시간은 반드시 지키자.
- 모두에게 이득인 결과를 향해 나아가자.
- 이상적인 리더는 모두의 의견을 통합할 수 있는 사람!

아이템

회의나 회담에서 사용하자!

 ## 이름표

용사들과 회담할 때, 서로의 이름을 알 수 있도록 이름표를 사용하자. 그럼 회의 중에 이름을 잊어버리거나 헷갈려서 어색해지는 일을 피할 수 있어. 이름표는 탁자 위에 올려 두고 사용하는 타입과 가슴에 달아서 사용하는 타입이 있어. 이름 외에 역할도 적어 두면 좋겠지.

원탁(원형 탁자)

논의할 때 네모난 테이블에 마주 보고 앉으면 대결하는 구도가 되어 버려서 언쟁이 일어날 수 있어. 원탁을 사용하면 모두가 발언하기 자유롭고, 의견을 정리하기도 쉬워지지. 원탁을 준비하기 어려운 경우에는 책상과 의자를 옮겨서 원탁과 같은 형태로 만들면 좋아.

TRAINING 🦾 트레이닝

믿음직한 리더가 되자!

👍 상대방의 입장을 생각하자

인간과 괴물은 서로의 입장이나 하고 싶은 일이 달라. 그래도 함께 살아가야 하니, 어느 한쪽만 이득을 볼 수는 없어. 누군가와 협상할 때는 우선 자신이 원하는 것을 생각하고, 그것이 상대방에게도 좋을지 생각해 보자. 이때 '내가 상대방이라면 어떻게 생각할까?' 하고 상상해 보면 좋아.

👍 노트에 생각을 적자

서로 수긍할 때까지 대화하거나 협상하는 일은 무척 어려워. 무의식중에 내 의견을 최우선으로 여겨서, 양보하려고 하지 않기 때문이야. 이를 대비하기 위해 상대방의 이야기를 듣고 나는 어떻게 생각하는지 노트에 적자. 글로 적으면 생각이 정리되고, 문제점을 발견할 수 있거든.

소통피디아

다수결 또는 다음에

다수결로 결정하기 전에

논의에서 만장일치로 결론을 내리지 못할 때는 '다수결'로 정하게 돼. 여기서 조심할 점은 바로 반대하는 쪽의 의견을 제대로 듣지 않고 그냥 결정해 버리는 거야. <mark>양쪽의 의견을 충분히 들은 뒤, 서로가 여기까지는 양보할 수 있겠다고 생각하는 지점까지 의견 차이를 좁히자. 그 다음에 다수결로 정하는 거야.</mark>

예를 들어 마계와 인간계의 화합을 위한 체육 대회에 누가 참가할지 정하는 자리에서 "마력이 강한 괴물들만 참가할 수 있다."는 의견과 "모든 괴물이 다 참가할 수 있어야 한다."는 의견이 대립하고 있어. 이때 모두가 공감할 목적을 세우고 의견을 조율하는 거야. 여기서 괴물들이 공감할 수 있는 목적은 '가능하면 체육 대회에서 인간을 이기면서, 인간과 괴물 모두가 함께 체육 대회를 즐기는 것'이겠지? 그렇다면 체육 대회에 참여할 수 있는 인원이 30명이라고 할 때, 이중 15명은 마력이 강한 괴물 중에서 순위대로 뽑고 나머지 15명은 마력과 관계 없이 뽑는 거야.

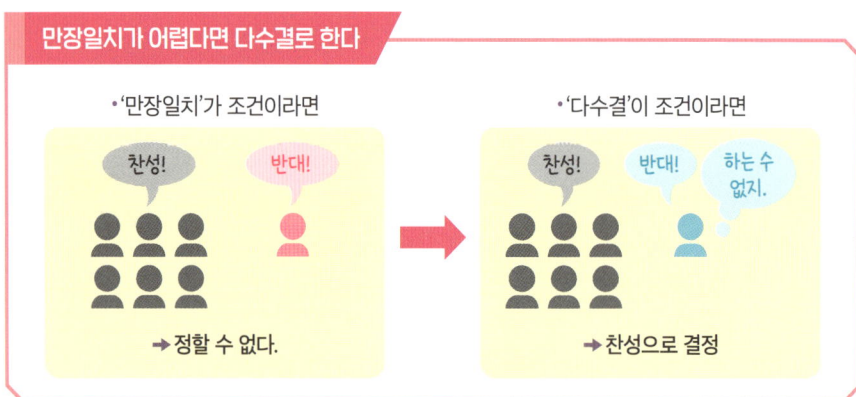

모두가 찬성하는 결론을 내기란 어려워.
어떻게 하면 최대한 많은 인원이
만족하는 결론을 낼 수 있을까?

다음으로 미루는 것도 방법

다수결로 정하는 방법 말고도, <mark>다음 회의 때까지 어떻게 하면 받아들일 수 있을지 생각하기로 하고 논의를 일단 마무리하는 방법이 있어.</mark> 괴물들의 체육 대회 참가 종목을 정한다고 가정해 보자. 모든 괴물이 자기가 좋아하는 경기에 다 참가할 수는 없을 거야. 모두가 원하는 대로 참가하는 걸 목표로 삼으면 논의가 끝날 리 없겠지.

그럴 때는 다음 마계 회의 때까지 각자 참가하고 싶은 경기를 1순위부터 3순위까지 정해 오는 거야. 1~3순위 중 적어도 하나는 반드시 할 수 있다고 조건을 제시하면 대부분의 괴물이 찬성할 테지. 여러 경기를 조합해서 배치할 수 있는 방법도 훨씬 많아질 거야. 결국 모두가 어느 정도 만족하는 결과를 만들어 낼 수 있어.

결론이 안 날 때의 방법

결론을 다음으로 미룬다.

 다음번까지 다른 참가 종목도 생각해 오세요.

➡ 선택지가 늘어난다.

논의 전에 선언해 두자

만장일치가 결론을 내기 위한 규칙이 되어 버리면, 끝까지 찬성하지 않고 방해해서 이득을 얻으려는 괴물이 있을 수 있어. 이 경우에는 처음에 '만장일치로 안 되면 다수결로 정하겠다.'라고 선언해 두면 좋겠지.

에필로그 현실로 돌아온 마오

인간계와 교섭에 성공한 뒤, 모두가 안심하고 살 수 있는 평화로운 마계가 되었다.

오늘도 평화로운 하루네.

그런데 잠깐, 마계는 이대로 괜찮은 거야?

정말 훌륭하십니다아아.

지, 진정해….

오버하긴….

마오 님, 괜찮습니다모베.

괴물들도 용사들이 언제 쳐들어올지 걱정하지 않고, 평화롭게 살고 있습니다모베.

맞아요 모베!

마계의 힘도 하나로 모으고, 인간과의 협상도 무사히 성공했지.

학교 다녀오겠습니다!

다녀오겠습니다….

후아암

역시 이 동네로 이사하길 잘했어!

마오, 예전보다 활기차네….

『오늘부터 마계 마왕?』 끝

논의의 진화 기술, '연설'도 알아 두자

세계의 흐름을 바꾼 명연설

'연설'이란 상대방에게 내 생각을 전하고 이해시키는 방법이야. 어려운 상황에서 사람들의 마음을 되돌릴 수 있는 매우 강력한 기술이라 할 수 있지. 이 코너에서는 연설로 자기 나라나 전 세계 사람들의 사고방식을 바꾼 위인들과, 그들의 굉장한 연설을 소개할게. 그들의 연설로 무엇이 바뀌었는지도 알아보자.

에이브러햄 링컨　마틴 루서 킹　말랄라 유사프자이　그레타 툰베리

세계의 흐름을 바꾼 명연설 1

미국 국민의 자유를 상징하는 지도자
에이브러햄 링컨

◆ 어떤 사람일까?

미합중국 제16대 대통령. 1863년 미국에서는 남북으로 갈라져 싸우는 전쟁(남북 전쟁)이 일어나 9,000명 이상이 사망했어. 그때 희생된 장병들의 추모식에서 링컨이 한 연설이야. 지금도 전 세계 사람들이 교본으로 삼을 정도로 멋진 연설이었지.

> "국민의, 국민에 의한, 국민을 위한 정부"
>
> (전략) 우리는 이 전사자들의 죽음을
> 결코 헛되이 하지 않겠다고 굳게 결의하고,
> (중략) 국민의, 국민에 의한, 국민을 위한 정부는
> 이 지상에서 결코 사라지지 않을 것입니다.

 ## 국민의 자유와 평등을 위하여

에이브러햄 링컨의 '게티즈버그 연설'은 2분 남짓의 아주 짧은 연설이었어. 링컨은 그 짧은 시간 안에 국가와 그곳에 사는 모두를 위해 싸우다 목숨을 잃은 사람들을 기리고, 국민의 자유와 평등을 표현하는 데 성공했어. 그래서 미합중국 역사상 가장 유명한 연설 중 하나로 꼽히고 있지. 특히 "죽음을 결코 헛되이 하지 않겠다."라는 명대사는 사람들의 마음을 크게 울렸어

세계의 흐름을 바꾼 명연설 2

인종 평등의 시대를 꿈꾼 지도자
★마틴 루서 킹

◆ 어떤 사람일까?

미국에서 인종 차별을 없애기 위해 활동한 목사이자 인권 운동가. 인종 차별이 극심했던 1950년대 미국에서 모두가 평등해지는 것을 목표로 활동했어. 1963년에는 인종 차별을 없애려는 '워싱턴 행진'이라는 운동이 열렸는데, 그 운동의 리더였던 마틴 루서 킹이 광장에 모인 사람들 앞에서 한 연설이 무척 유명해.

> "나에게는 꿈이 있습니다."
>
> (전략) 나에게는 꿈이 있습니다. 그것은 사악한 인종 차별주의자들이 있는 앨라배마주에서조차, 언젠가 그 앨라배마에서조차, 흑인 소년 소녀가 백인 소년 소녀와 형제자매로서 손을 잡게 되는 꿈입니다.

모두가 평등한 세상을 꿈꾸며

마틴 루서 킹의 연설 속 "I have a dream(나에게는 꿈이 있습니다)."은 듣는 사람들이 무척 이해하기 쉬웠고, 모두의 마음에 큰 울림을 줬어. 반복되는 리듬의 연설은 마치 음악 같았지. 연설을 한 이듬해인 1964년에는 미국의 인종 차별을 끝내고자 한 운동이 높이 평가되어 '노벨 평화상'을 수상했어. 마틴 루서 킹이 사망한 뒤에도 이 연설에 담긴 신념은 계승되어 전 세계에 인종 차별이 없어져야 한다는 생각이 널리 퍼지게 되었어.

세계의 흐름을 바꾼 명연설 3

여성·어린이의 권리를 호소한 운동가
말랄라 유사프자이

◆ 어떤 사람일까?

파키스탄의 인권 운동가. 이웃 나라인 아프가니스탄을 지배하는 탈레반*으로부터 위협을 받아 목숨이 위험했지만 기적적으로 살아남았어. 2013년에는 국제 연합 본부(UN)에 초청받아 연설을 했어. 전 세계가 주목하는 가운데, 모든 어린이가 교육을 받을 수 있는 세상을 만들자고 호소했지.

*아프가니스탄 등 중동 일부를 지배하는 과격한 종교 조직.

> **"모든 어린이가 교육을 받을 수 있는 권리를"**
>
> 친애하는 형제자매 여러분, 저는 모든 어린이의 빛나는 미래를 위해 학교와 교육을 요구합니다. 우리는 평화와 교육을 향한 여정을 계속할 것입니다. (중략) 책과 펜을 손에 쥡시다. 그것들은 더 강력한 무기가 될 것입니다. 한 명의 어린이, 한 명의 교사, 한 권의 책과 한 자루의 펜. 그것으로 세계는 바뀔 수 있습니다. 교육이 유일한 해결책입니다.

누구나 교육 받을 수 있는 세상으로

세상에는 아직도 여성과 어린이의 가볍게 여기는 사람들이 많아. 그러한 환경 속에서 말랄라 유사프자이는 단호하게 반대 의견을 주장했어. 탈레반의 협박을 받는 무시무시한 경험을 하고도 인권을 위한 활동을 멈추지 않는 용기에 전 세계가 주목했지. 말랄라 유사프자이는 여성과 어린이에게 교육은 필요 없다는 사고방식은 잘못되었다고 말하며, 모든 어린이가 교육을 받아야 한다고 호소했어. 그 활동을 인정받아 2014년에 17세의 나이로 '노벨 평화상'을 수상했어.

세계의 흐름을 바꾼 명연설 4

유엔에서 연설한 환경 운동가
그레타 툰베리

◆ 어떤 사람일까?

스웨덴의 기후 및 환경 운동가. 2018년 8월, 스웨덴을 덮친 폭염과 산불을 계기로 그레타 툰베리는 15세에 기후 변화 대책 마련을 촉구하는 1인 시위를 벌이며 환경 운동에 뛰어들었어. 그리고 매주 금요일마다 등교를 거부하며 기후 변화 대비를 주장했지. 이 '기후를 위한 학교 파업'은 전 세계 여러 나라로 확산되었어. 2019년 9월, 툰베리는 국제 연합 본부(UN) 기후 행동 정상 회의에 참석하여 연설하며 각국 정상들에게 경각심을 일깨웠어.

> "당신들이 우리의 미래를 훔쳐 가고 있습니다."
>
> 저는 여기 있어서는 안 됩니다. 대서양 건너편 나라의 학교에 있어야 했습니다. 당신들이 헛된 말로 제 꿈과 어린 시절을 빼앗았습니다. 저는 그나마 운이 좋은 편입니다. 많은 사람이 환경 문제로 고통을 당하며 죽어 가고, 모든 생태계가 무너지고 있습니다.

오늘의 어른들에게 보내는 따끔한 경고

2019년 9월, 그레타 툰베리는 뉴욕 국제 연합 본부에서 진행된 기후 행동 정상 회의에 참석했어. 그레타는 "당신들은 아이들을 사랑한다고 말하면서도 그들의 눈앞에서 그들의 미래를 훔쳐 가고 있습니다. 어떻게 그러실 수 있습니까?"라고 당차게 연설하며, 정치 지도자와 어른들을 비판했지. 이 연설을 계기로 그레타는 기후 위기 시대의 아이콘이 되었어. 2019년 『타임』지의 올해의 인물로 선정되기도 했지. 그레타는 환경을 보호할 수 있는 작은 실천들을 통해 전 세계 기후 변화 운동을 이끌어 나가고 있어.

글 마쓰우라 마사히로
메이지대학 전문대학원 거버넌스연구과에서 전임 교수를 맡고 있다. 도쿄대학 공학부 토목공학과를
졸업했으며, 매사추세츠 공과대학 도시계획학과 석사과정과 매사추세츠 공과대학 도시계획학과 박사과정을
수료한 뒤 도쿄대학 공공정책대학원 특임 조교수 등을 거쳤다.
지은 책으로 『합의점 찾는 법』이 있다.

그림 하나코가네이 마사유키
만화가 겸 일러스트레이터로, 주간 『소년 점프』 제39회 아카쓰카상에 준입선했다.
지은 책으로 『5000엔 여행』, 그린 책으로 『이상한 생물 연구소: 깜짝 놀랄 반전 결말』 등이 있다.

글 G.B.
다양한 콘텐츠 기획과 제작을 아우르는 전문 편집 집단이다.

옮김 김지영
이화여자대학교 국어국문학과를 졸업하고 같은 학교 통역번역대학원에서 번역학 석사 학위를 받았다.
현재 출판 번역 에이전시 유엔제이에서 전문 번역가로 활동하고 있다.
옮긴 책으로 「요괴의 아이를 돌봐드립니다」 시리즈와 「분실물 가게」 시리즈, 『정리 정돈』,
『꿈이 자라나는 시간 사용법』, 『고양이의 비밀』, 『도깨비 소녀는 오늘부터 영화배우!』 등이 있다.

주요 참고 문헌

『실천! 교섭학』 마쓰우라 마사히로 지음
『합의점 찾는 법』 마쓰우라 마사히로 지음
『세상을 바꾼 100개의 연설 상』 콜린 솔터 지음
『세상을 바꾼 100개의 연설 하』 콜린 솔터 지음

웅진주니어

너라면 어떻게 할래? 만약에 서바이벌

오늘부터 마계 마왕?

초판 1쇄 발행 2025년 11월 11일 | 감수 마쓰우라 마사히로 | 그림 하나코가네이 마사유키 | 글 G.B. | 옮김 김지영
발행인 윤승현 | 편집장 안경숙 | 편집 최새롬, 정아름 | 디자인 808
마케팅 정지운, 박현아, 김지윤, 황지영
제작 신홍섭 | 국제업무 장민경, 오지나
펴낸곳 (주)웅진씽크빅 | 주소 경기도 파주시 회동길 20 (우)10881
문의전화 031)956-7440(편집), 031)956-7569, 7570(마케팅)
홈페이지 www.wjjunior.co.kr | 블로그 blog.naver.com/wj_junior | 인스타그램 @woongjin_junior
출판신고 1980년 3월 29일 제406-2007-00046호 | 원제 キミならどうする!? もしもサバイバル 魔王になって魔界を守る方法
한국어판 출판권 ⓒ 웅진씽크빅, 2025 | 제조국 대한민국 | 사용연령 5세 이상

KIMINARA DOSURU!? MOSHIMO SURVIVAL MAONI NATTE MAKAIO MAMORU HOHO
Supervised by Matsuura Masahiro
Illustrations Copyright © Hanakoganei Masayuki 2022
Text Copyright © G.B. 2022
All rights reserved
First published in Japan in 2022 by Poplar Publishing Co., Ltd.
Korean translation rights arranged with Poplar Publishing Co., Ltd.
through Shinwon Agency Co., Ltd.

웅진주니어는 (주)웅진씽크빅의 유아·아동·청소년 도서 브랜드입니다.
이 책의 한국어판 저작권은 신원에이전시(Shinwon Agency Co., Ltd.)를 통해 저작권자와 독점계약을 맺은 (주)웅진씽크빅에 있습니다.
저작권법에 의해 한국 내에서 보호를 받는 저작물이므로 무단 전재와 무단 복제를 금합니다.

ISBN 978-89-01-29483-4·978-89-01-29481-0(세트)

※ 잘못 만들어진 책은 바꾸어 드립니다.
⚠ 주의 1. 책 모서리가 날카로워 다칠 수 있으니 사람을 향해 던지거나 떨어뜨리지 마십시오. 2. 보관 시 직사광선이나 습기 찬 곳은 피해 주십시오.